爱和自由教师工具书

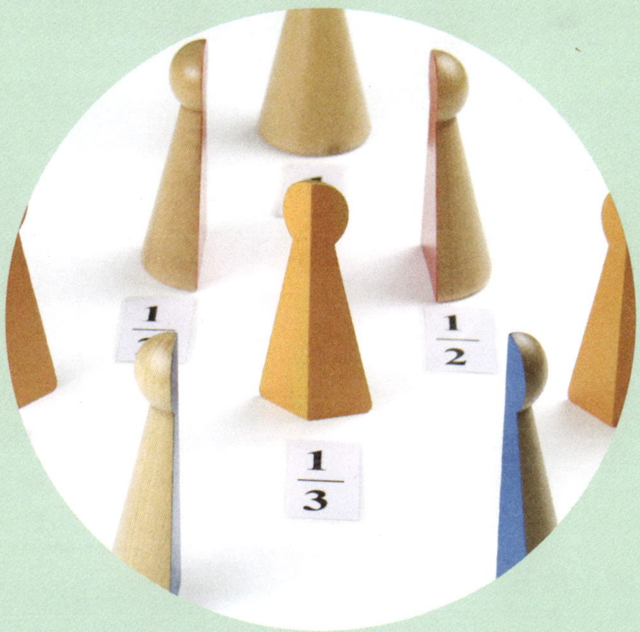

终生财富之
数学逻辑（下）

爱和自由教师成长工作室 编

中国妇女出版社

图书在版编目（CIP）数据

爱和自由教师工具书．终生财富之数学逻辑．下 / 爱和自由教师成长工作室编．-- 北京 ：中国妇女出版社，2021.4

ISBN 978-7-5127-1911-8

Ⅰ．①爱… Ⅱ．①爱… Ⅲ．①数学课－学前教育－教学参考资料 Ⅳ．①G613

中国版本图书馆CIP数据核字（2020）第196463号

爱和自由教师工具书——终生财富之数学逻辑．下

作　　者：爱和自由教师成长工作室　编
责任编辑：王　琳
封面设计：李　甦
责任印制：王卫东
出版发行：中国妇女出版社
地　　址：北京市东城区史家胡同甲24号　　邮政编码：100010
电　　话：（010）65133160（发行部）　　65133161（邮购）
网　　址：www.womenbooks.cn
法律顾问：北京市道可特律师事务所
经　　销：各地新华书店
印　　刷：北京中科印刷有限公司
开　　本：210×290　1/16
印　　张：4.5
字　　数：85千字
版　　次：2021年4月第1版
印　　次：2021年4月第1次
书　　号：ISBN 978-7-5127-1911-8
定　　价：168.00元（全4册）

目录

Contents

Part4

四则运算：加法部分

Part5

四则运算：减法部分

Part6

四则运算：乘法部分

Part7

四则运算：除法部分

Part8

分数

作　者：爱和自由教师成长工作室

孙瑞雪教育机构是以教育家孙瑞雪、安长喜所带领的一群幼儿教育专家共同组织、搭建的幼儿教育平台。该平台一直致力于研究和实践并行地推进中国幼儿教育发展事业，在北京、深圳、上海、广州、宁夏建立了教学实践基地，并在教学基地内成立了爱和自由教师成长工作室，至今已经开展了25年的教师职业培训，为儿童教育事业输出了大量优秀的幼儿教师、小学教师、儿童教育讲师。

编委团：薛　梅　梁永玉　田静娴

插图示范：郑翠娟　匡雪田　揭妮敷李

摄　影：吴　烨　杨志婷

Part

4

四则运算

加法部分

数棒——10的组成

目的

通过练习，幼儿了解10以内数的组成规律。

材料：数棒，1～10的数字卡，“+”卡，“=”卡。

方法：

① 取2张工作毯横摆。

② 将数棒取出，按照从10到1的顺序排列。

③ 取10的数棒放在面前，触摸并数“1，2，3…10”；取1的数棒触摸并数“1”，放在10的下面，左边对齐；触摸余下的9，边触摸边数“1，2，3…9”。

④ 取9的数棒，触摸并数“1，2，3…9”，和1的数棒组合在一起，说“一样的”。（图1）

⑤ 把1的数棒放在工作毯左上端配上数字卡，把9的数棒放在1的旁边配上数字卡，放“+”卡和“=”卡，说“1和9加起来等于10”，再将10的棒放在“=”卡后面，配上数字卡，指着数字说“1+9=10”。

⑥ 用同样的方法进行2+8、3+7、4+6、5+5（取长棒的5）的练习，注意要把“+”卡、“=”卡往下移。（图2）

注意事项

① 每次摆一根数棒就配一个数字卡，要呈现对应关系。

② 有序地将数棒和数字卡收回。

图 1

图 2

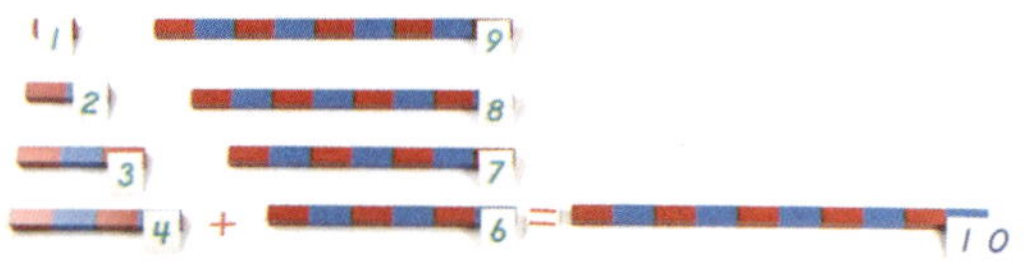

彩色串珠梯

第一次展示　10的组成

目的

① 通过练习进一步掌握10的组成。
② 导入加法的概念。

材料：1～9的彩色珠，5的彩色珠，10的金色珠5根，桥，垫布。

方法：

① 把垫布平铺在工作毯上，将彩色珠按1～9的顺序排列在垫布左上方，5的彩色珠留在托盘里。
② 取一个10的金色珠数“1，2，3…10”；取1的彩色珠数“1”；将1的彩色珠放在10的下面，左边对齐，用桥数读余下的“9”；找出9的彩色珠数“1，2，3…9”，然后放在1的彩色珠旁边组合在一起，说“一样的”。
③ 用同样的方法进行2+8、3+7、4+6、5+5的练习。（图1）

注意事项

① 每取2个以上的珠或金色珠和彩色珠进行比较时，都要用桥数珠子，且从1开始数。
② 每一个组合都要使用10的金色珠对比。

图1

第二次展示　带题卡的练习

材料：1~9的彩色珠，5的彩色珠，10的金色珠5根，桥，垫布，题卡袋。

方法：

① 将彩色珠按1~9的顺序排列在垫布左上方。

② 用第一次展示的方法做1+9=10，在1和9的彩色珠的组合后配上题卡“1+9=10”，指彩色珠读“1+9=10”，指题卡读“1+9=10”。

③ 用同样的方法进行2+8=10、3+7=10、4+6=10、5+5=10的练习。（图2）

图2

第三次展示　作业纸的练习

目的

培养幼儿运算和书写的能力。

材料：1~9的彩色珠，5的彩色珠，10的金色珠5根，桥，垫布，题卡袋，作业纸，彩色铅笔，铅笔。

方法：

① 在第二次展示的基础上，用与彩色珠颜色相同的彩色铅笔涂好作业纸上的珠子。

② 将算式用铅笔写在作业纸上。（图3）

③ 先归位10的金色珠，再归位彩色珠，最后归位题卡。

图3

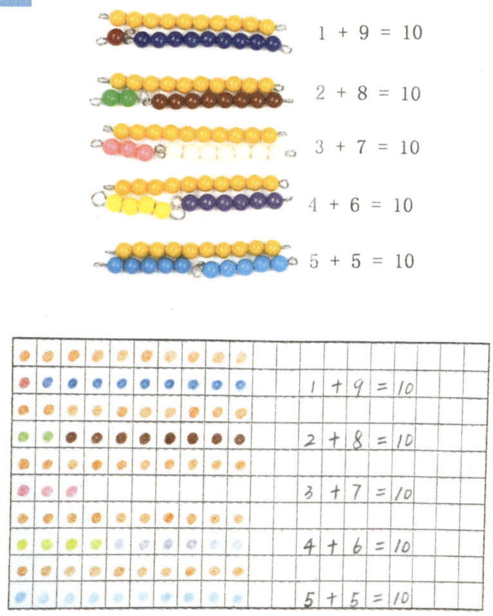

注意事项

注意书写数字时的间距。

蛇形加法

目的

① 1～10的加法练习。

② 培养幼儿数学逻辑思维能力。

第一次展示　金色长蛇（有规律摆放）

材料：1～9的彩色珠一盒，5的彩色珠，10的金色珠，垫布，桥。

方法：

① 用彩色珠在垫布上摆成一条有规律的长蛇（注意，每2根相连的彩色珠加在一起是10）。（图1）

图 1

② 用桥数到10时，桥停架在彩色珠上，说“够10用金色珠替换”，然后取一根10的金色珠同彩色珠并排摆放，再取走彩色珠。用同样的方法反复进行，直到用金色珠替换完彩色珠，将彩色蛇变成一条金色蛇为止。（图2，图3）

图 2

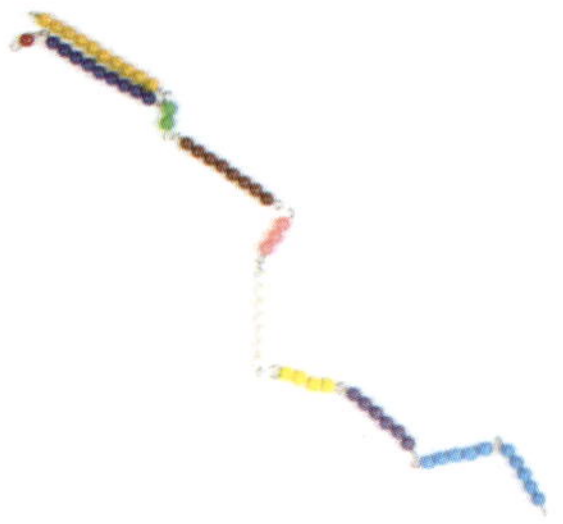

图 3

第二次展示　有尾巴长蛇（无规律摆放）

材料：1～9的彩色珠一盒，10的金色珠一盒，黑白珠一组，垫布，桥。

图 4

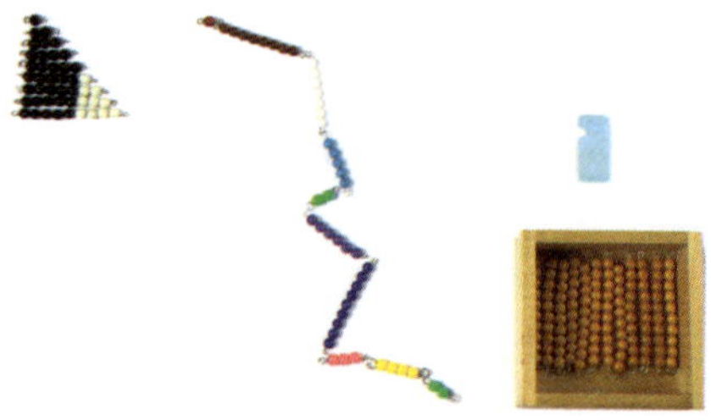

方法：

① 将黑白珠取出，按1～9的顺序摆放在垫布左上方。

② 用彩色珠任意摆成一条长蛇（无规律地摆放；注意，最后要有余下不能替换的彩色珠）。（图4）

③ 用桥数彩色珠到10时，桥停架在彩色珠上不动，说“够10用金色珠替换”，然后用一根10的金色珠放在旁边比对，说“余下的珠用黑白珠替换”；用另一个桥数余下的彩色珠，并读出“余××”，再用黑白珠替换余下的彩色珠，并收走所有被替换的彩色珠。（图5）

④ 接着从替换的黑白珠开始数到10，用同样的方法进行替换。

⑤ 以此方法反复进行，直到最后余下不够10的黑白珠。（图6）

图5

图6

注意事项

① 第一次展示时，要让幼儿看到的是一个替换的过程，所以摆彩色蛇时应有一定的规律，如1+9、7+1+2……

② 第二次展示时，在替换的过程中，要先将余下的珠用黑白珠替换好，再收回彩色珠，以免幼儿忘记。

银行游戏

目的

① 培养幼儿处理大数目加法的信心。
② 进一步巩固练习加法。

第一次展示　不进位的加法

材料：金色串珠组，数字卡袋，题卡袋，“+”卡，“=”卡，缎带，小碟子，托盘。

方法：

① 选择2张工作毯。
② 抽一张题卡，读出上面的加法算式，如“2135+3412=”，放在工作毯的上方。（图1）
③ 将2135的小数字卡放在托盘中递给幼儿，请他去取相应数量的珠：“请你去取2135的金色珠”，再按千、百、十、个位的顺序摆放，边摆边数“1000，2000；100；10，20，30；1，2，3，4，5”。
④ 请幼儿取2135的数字小卡，从千位开始，对应金色珠摆放，边摆边读“2135”。（图2）

图 1

2135+3412 =

图 2

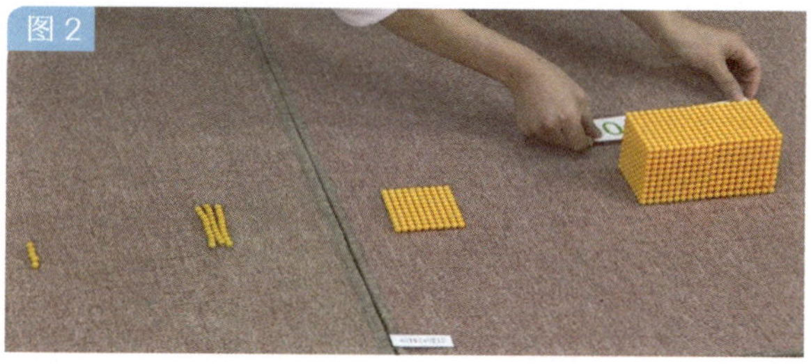

⑤ 读“+3412”，请幼儿用同样的方法取3412的金色珠和数字卡对应摆放。

⑥ 依次摆放“+”卡、缎带、“=”卡。（图3）

⑦ 先将个位上的珠子集中在一个小碟子里，再摆放在缎带下面的个位上，边摆边数“1，2，3，4，5，6，7”。请幼儿取7的数字大卡，配对摆放并指读“7”。

⑧ 用同样的方法依次将十位上的珠、百位上的珠、千位上的珠合起来，分别摆在缎带下方相应的位置，并用数字大卡配对摆放。

⑨ 把数字大卡叠放（从个位到千位），说“5547就是答案”，再放在工作毯上方的“=”卡后面，读“2135+3412=5547”。（图4）

⑩ 归位时，先归位金色珠，再归位数字卡。

图3

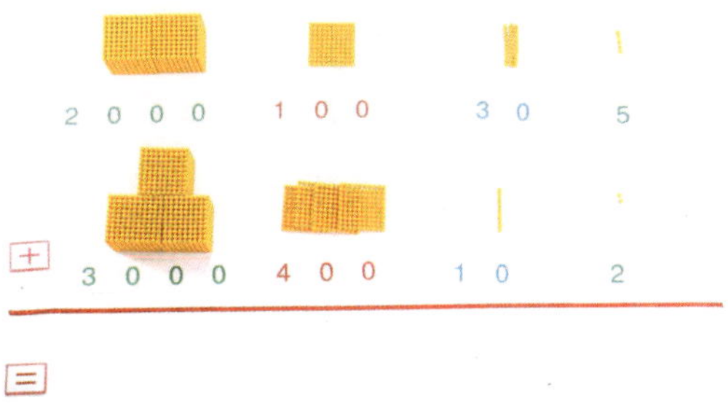

图4

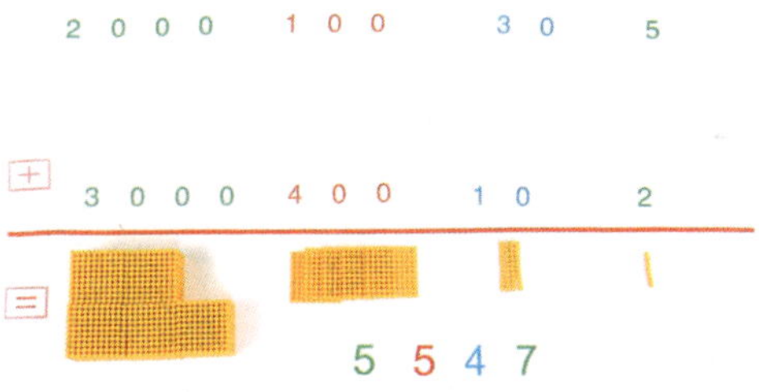

注意事项

数量相加时一定要有一个合起来的动作。

第二次展示　进位的加法

目的

① 培养幼儿处理大数目加法的信心。

② 进位的加法练习。

材料：金色串珠组，数字卡袋，题卡袋，“+”卡，“=”卡，缎带，小碟子，托盘。

方法：

① 选择2张工作毯。

② 抽题卡，读出上面的加法算式，如“1218+3475=”。

③ 金色珠和数字卡的摆放方式与第一次展示法相同。（图5）

④ 从个位开始相加，读“1，2，3…10”，将个位上的珠子合在一起是10时，请幼儿用10个1的珠去换1个10的金色珠。

⑤ 将换来的10的金色珠竖放在十位数的最上面，再将余下的珠一个一个地摆放在缎带下的个位上，边摆边读“1，2，3”，并请幼儿取3的数字大卡配对。（图6）

⑥ 将十位上所有的珠子（包含换来的10）合起来，摆放在缎带下的十位上，边摆边读10，20，30…90，并请幼儿取90的数字大卡配对。

⑦ 用同样方法进行百位和千位的加法运算。

⑧ 叠放数字大卡，说“4693就是答案”，再放在工作毯上方的“=”卡后面，读“1238+3475= 4693 ”。（图7）

图 5

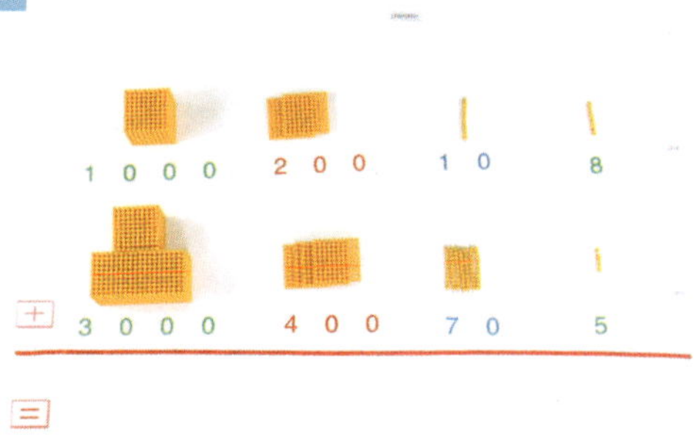

图 6

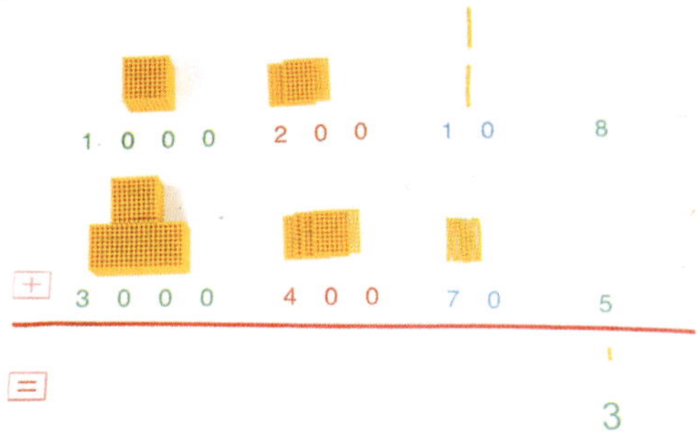

图 7

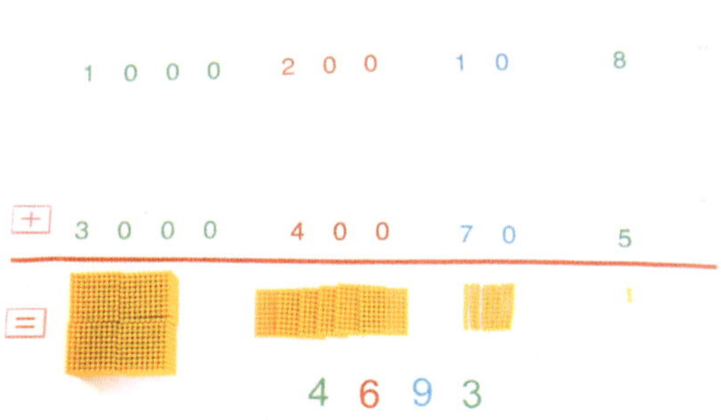

图 8

1218+3475=

注意事项

① 换珠时，请将要换的珠子集中在托盘中。

② 每加一次都要说“把个位的珠合在一起”“把十位的珠合在一起”“把百位的珠合在一起”“把千位的珠合在一起”。

③ 拿珠时一定拢在一起后再拿。

④ 取时从个位开始，归位时从千位开始。

⑤ 归位时先收珠，再收数字卡。

⑥ 将进位的珠子放在同数位的顶端，加时再一起收在下面。

⑦ 成人可以参考图8的题卡给幼儿设计进位和不进位的加法题卡。

加法板

目的

① 温习10以内的加法。
② 学习18以内的加法。

第一次展示　10的加法

材料：加法板，红色、蓝色定规，指环。

方法：

① 将红色定规按照1～9的顺序排列在加法板上方，1与板上的1对齐。
② 将蓝色定规按照1～9的顺序排列在10的隔绝线上方并对齐。（图1）
③ 将指环套在10上，做10的加法。
④ 取1的红色定规与9的蓝色定规放在一起组成10，分别指着1和9的定规、指环里的10说：“1加9等于10。”
⑤ 取2的红色定规与8的蓝色定规放在一起组成10，分别指着2和8的定规、指环里的10说：“2加8等于10。”
⑥ 用同样的方法做3+7＝10、4+6＝10、5+5＝10、6+4＝10、7+3＝10、8+2＝10、9+1＝10的加法。做完后，将定规按1～9的顺序放回原位。（图2）
⑦ 归位时先归位蓝色定规，再归位红色定规。

图1

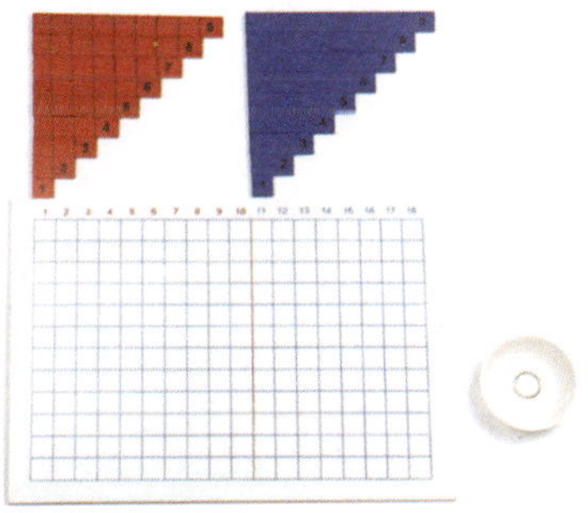

图2

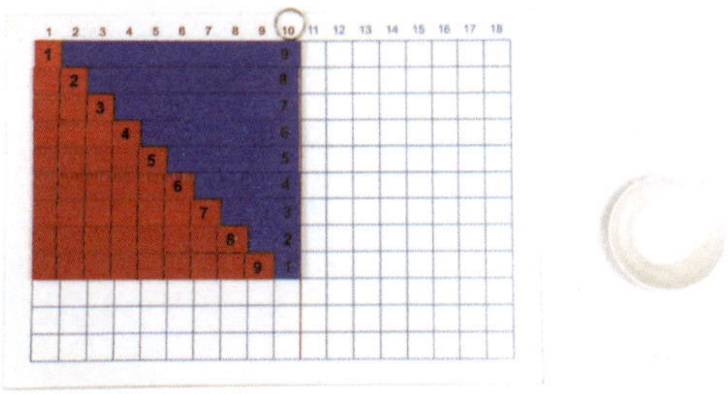

第二次展示　作业纸的练习

材料：加法板，红色、蓝色定规，指环，垫板，铅笔，作业纸（有规律的运算，如7＋1＝，7＋2＝，7＋3＝…7＋9＝　）。

方法：

① 将红色、蓝色定规按照第一次展示的方法摆放。

② 取作业纸，读题“7+1＝”。

③ 取红色定规7放在加法板上读“7”，然后取蓝色定规1放在7后面读“1”，将指环套在8上说“7+1＝8”，并用手指7和1的定规，再指板上的8。

④ 将答案写在作业纸上。

⑤ 用同样的方法进行其他算式的练习。（图3）

图 3

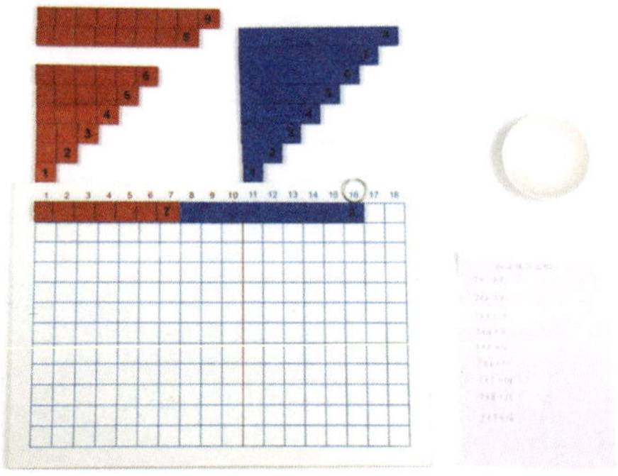

第三次展示　带题卡的练习

材料：加法板，红色、蓝色定规，指环，垫板，铅笔，题卡袋，空白作业纸。

方法：

① 先将加法板、定规按照第一次展示的方法摆好。

② 抽一张题卡，如“8+5＝”。

③ 取红色定规8和蓝色定规5放在一起，得出答案13；将指环套在13上说“8+5＝13”，并用手指8和5的定规，再指板上的得数13。

④ 在空白作业纸上书写算式：8+5＝13。（图4）

⑤ 用同样的方法进行其他算式的练习，并把算式和答案写在作业纸上。

图 4

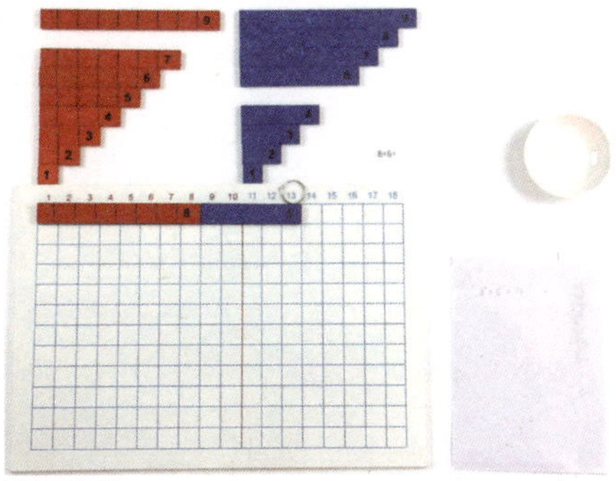

邮票游戏

目的

① 巩固练习加法、进位加法。

② 练习书写能力。

第一次展示　不进位的加法

材料：定位小人，邮票，数字卡袋，题卡袋，“+”卡，“=”卡，缎带，标有位数的托盘或盒子4个，小托盘。

方法：

① 将定位小人（绿、蓝、红、绿的小人分别代表个、十、百、千的位数）放在工作毯上方。

② 抽一张题卡并读出，如“2135+3412=”，放置在工作毯的上方。

③ 将2135的小数字卡放在托盘中递给幼儿，请他去取相应数量的邮票，按千、百、十、个的顺序摆放，边摆边读“1000，2000；100；10，20，30；1，2，3，4，5”。

④ 请幼儿取2135的数字小卡，对应邮票的位数摆放，边摆边读“2000，100，30，5”。（图1）

⑤ 读“+3412”，请幼儿用同样的方法取3412的邮票和数字小卡对应摆放。

⑥ 依次摆放“+”卡、缎带、“=”卡。（图2）

⑦ 把个位上的邮票集中在个位的托盘里，再摆放在缎带下面的个位上，边摆边数“1，2，3，4，5，6，7”；请幼儿取7的数字大卡配对摆放，并指读“7”。

⑧ 用同样的方法依次将十位上的邮票、百位上的邮票、千位上的邮票合起来，摆在缎带下并与数字大卡配对。

⑨ 叠放数字大卡，说“5547就是答案”，放在工作毯上方的“=”卡后面，读“2135+3412=5547”。（图3）

⑩ 归位时，先归位数字卡，后归位邮票。

图1

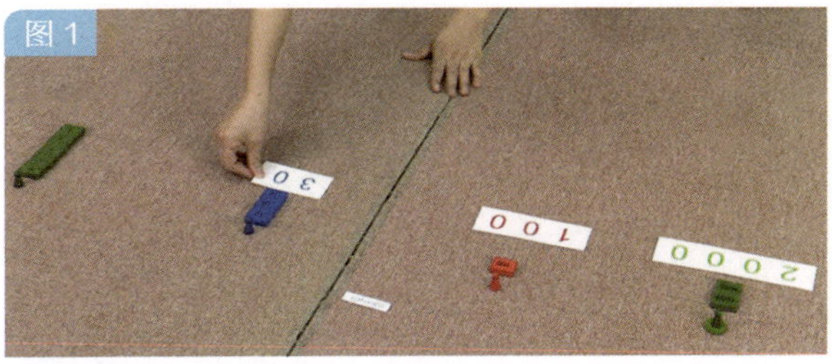

图2

图3

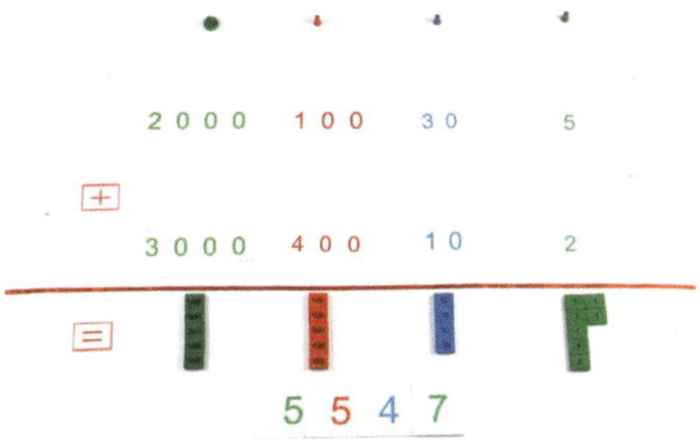

第二次展示　进位的加法

材料：定位小人，邮票，数字卡袋，题卡袋，“+”卡，“=”卡，缎带，标有位数的托盘或盒子4个，小托盘。

方法：

① 将定位小人（绿、蓝、红、绿的小人分别代表个、十、百、千的位数）放在工作毯上方。

② 抽题卡，读“1218+3475=”。

③ 邮票和数字卡的摆放方式与不进位的加法相同。（图4）

图4

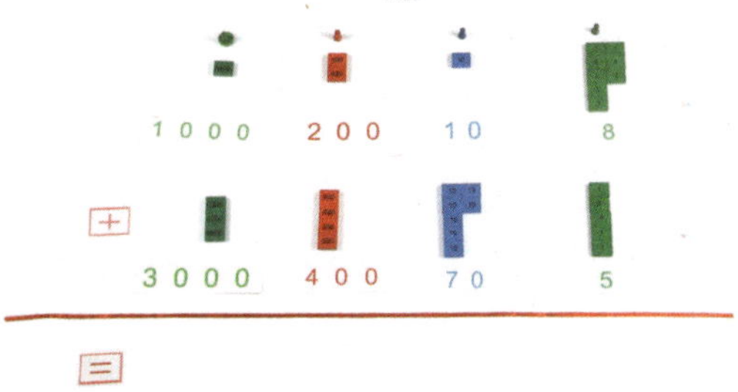

④ 从个位开始相加，读“1，2，3…10”，将个位上的邮票合在一起加到10时，请幼儿用10个1的邮票去换1个10的邮票，“请你用10个1的邮票，去换1个10的邮票”。

⑤ 将换来的10的邮票放在十位数的最上面，再将余下的邮票一个一个地摆放在缎带下的个位上，边摆边读“1，2，3”，并请幼儿取3的数字大卡配对。（图5）

⑥ 将十位上所有的邮票（包含换来的10）合起来，摆放在缎带下的十位上，边摆边读“10，20，30…90”，并请幼儿取90的数字大卡配对。

⑦ 用同样的方法进行百位和千位的加法运算。

⑧ 叠放数字大卡，读“4693就是答案”，再放在工作毯上方的题卡“＝”后面，读“1238＋3475＝4693”。（图6）

图 5

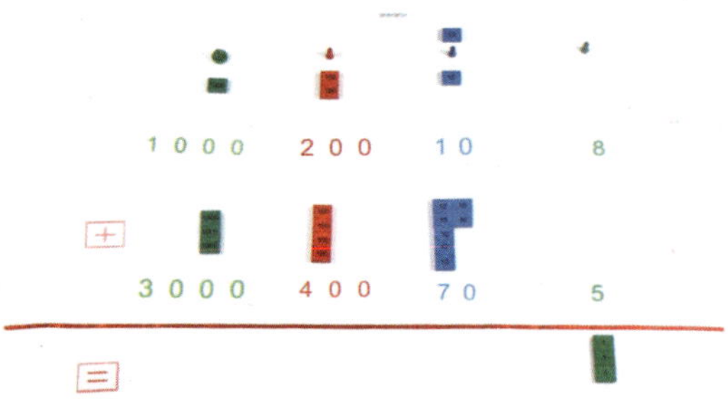

图 6

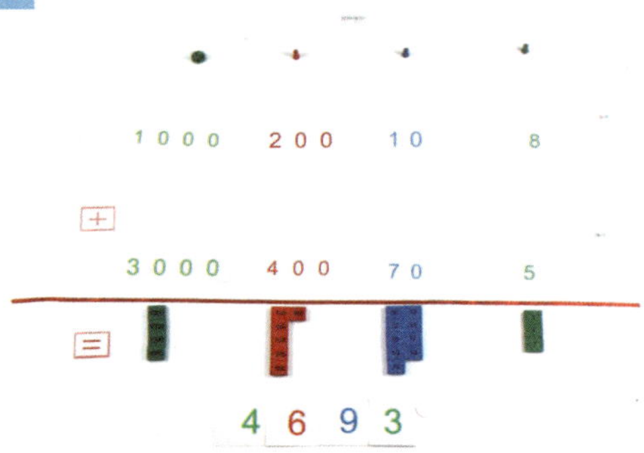

第三次展示　作业纸的练习

材料：定位小人，邮票，数字卡袋，题卡袋，“+”卡，“=”卡，缎带，垫板，标有位数的托盘或盒子4个，小托盘，绿色、蓝色、红色的彩色铅笔，铅笔。

方法：

① 抽一张题卡，并将题目竖式书写在作业纸上。

② 运算方式与前两次的展示相同。

③ 做完后把答案写在作业纸上。（图7）

图 7

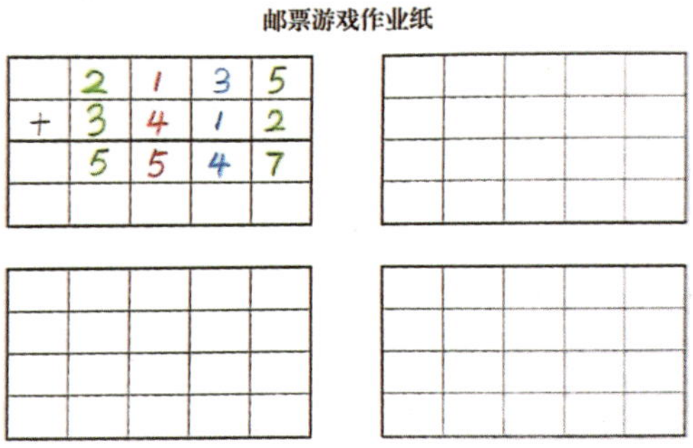

计算架

目的

① 进一步巩固千位数的加法练习。
② 培养幼儿的数学逻辑思维能力。

第一次展示　不进位的加法

材料：计算架，绿色、蓝色、红色的彩色铅笔，题卡袋。

方法：

① 将计算架摆好，抽取题卡，如“2135+3412=”。
② “2135，个位上是5”，用绿色铅笔把计算架最下面个位上的绿色珠，从左往右拨，边拨边读“1，2，3，4，5”；“十位上是3”，用蓝色铅笔从左到右拨第二行的蓝色珠，读“10，20，30”；“百位上是1”，用红色铅笔从左到右拨第三行的红色珠，读“100”；“千位上是2”，用绿色铅笔从左到右拨第四行的绿色珠，读“1000，2000”。指着题卡读“+3412”，用同样的方法，从个位开始，从左往右拨3412的珠。（图1，图2）

图1

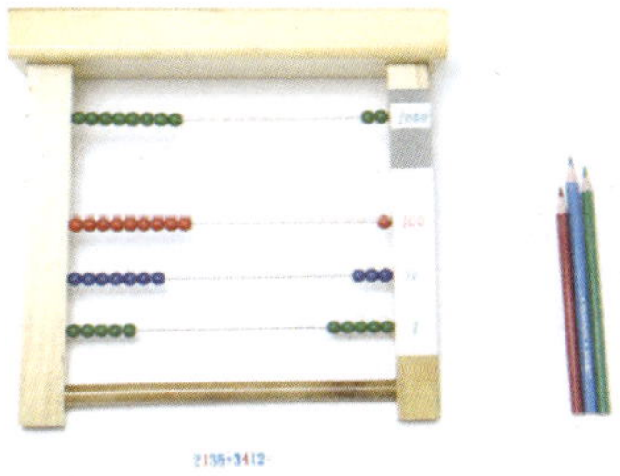

图2

③ 拨完后从个位开始数读："个位上是7，十位上是4，百位上是5，千位上是5，5547就是答案。"

④ 指算式和计算架上的得数，读"2135+3412＝5547"。（图3）

图3

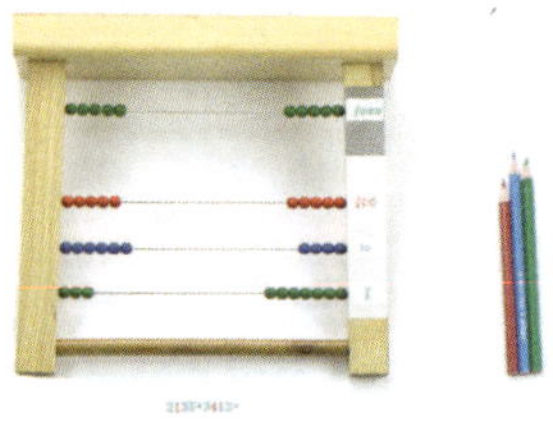

第二次展示　进位的加法

材料：计算架，绿色、蓝色、红色的彩色铅笔，题卡袋。

方法：

① 将计算架摆好，抽取题卡并读出上面的加法算式，如"1218+3475＝"。

② 拨1218的珠，方法与第一次展示相同。

③ 指着题卡读"+3475，个位上是5"，边拨个位上的珠边读"1，2，3…10，够10进一位"，在十位上往中间拨1个珠，后退个位上的10个珠，接着将余下的个位数"3，4，5"数完。（图4，图5）

图4

图5

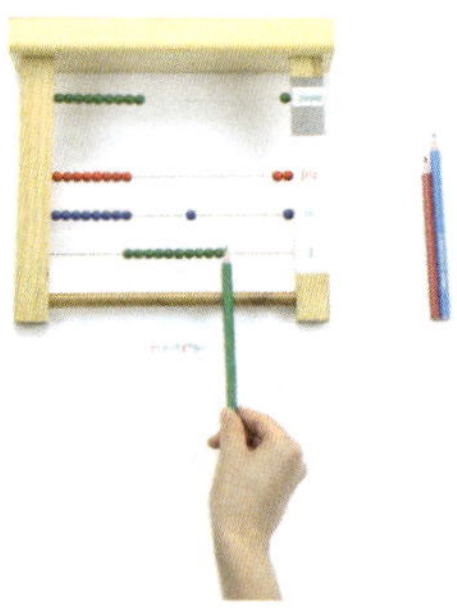

④ 把进位的10的珠往右边拨。

⑤ “十位上是7”，用蓝色铅笔从左到右拨倒数第二行7个蓝色珠，边拨边读“10，20，30…70”。（图6）

⑥ 用同样的方法进行百位和千位的加法运算。

⑦ 拨完后从个位开始数读“个位上是3，十位上是9，百位上是6，千位上是4，4693就是答案”。（图7）

图6

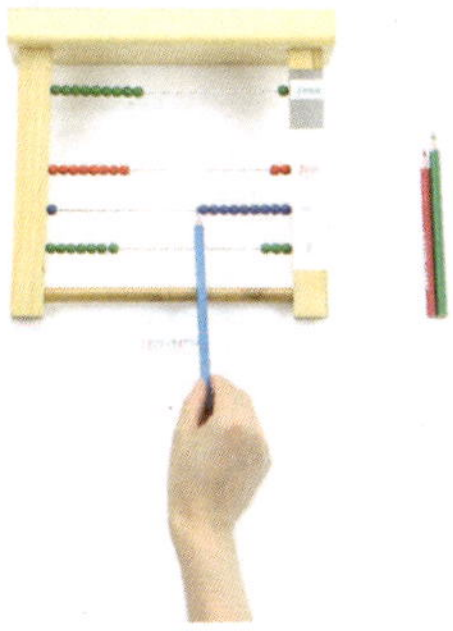

图7

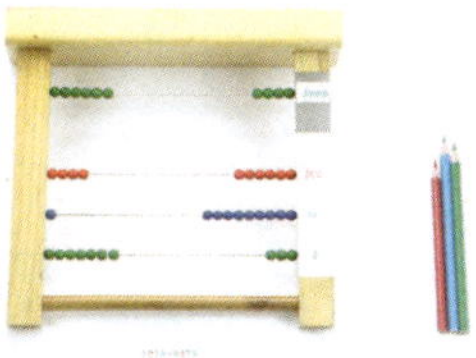

第三次展示　作业纸的练习

材料：计算架，绿色、蓝色、红色的彩色铅笔，铅笔，题卡袋，作业纸，垫板。

方法：

① 摆好计算架，取出题卡。

② 将题目如“2135+3412=”抄写在作业纸的计算格中。

③ 将作业纸上标有“个、十、百、千”的格子分别用绿色、蓝色、红色、绿色铅笔涂满。

④ 用相应颜色的笔将数字2135写在第一行格子里，3412写在第二行格子里，“+”写在数字“3”前面的万位上。

⑤ 在“+3412”的格子下面的线上画一直线。

⑥ 运算过程与不进位、进位加法相同。

⑦ 把答案写在作业纸上相应的格子里和“=”后面的空白处。（图8）

图8

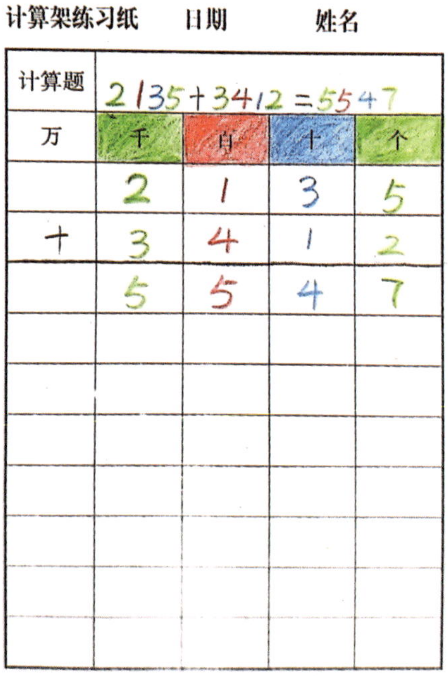
计算架练习纸　　日期　　姓名

计算题	2135+3412=5547			
万	千	百	十	个
	2	1	3	5
+	3	4	1	2
	5	5	4	7

注意事项

① 拨珠时，要用与位数颜色一样的彩色铅笔拨。

② 进位的珠不可以直接拨到右边，一定要先放在中间，让幼儿感知这是进位的珠。

③ 进位后，一定要记住“够10”后余下的数字。

④ 在进行作业纸的练习时，“+”“=”和直线用铅笔书写。

加法点的游戏

目的

① 通过具体过渡到抽象运用平面纸画点的方法，进一步练习幼儿千位数目的加法的能力。

② 培养幼儿的数学逻辑能力。

第一次展示　不进位的加法

材料：作业纸，绿色、蓝色、红色的彩色铅笔，题卡袋，垫板。

方法：

① 将作业纸中的个、十、百、千位的数格分别用绿色、蓝色、红色、绿色的彩色铅笔涂好。

② 取出题卡，如“1235+2544=”，读题卡，并将题卡的算式用对应的彩色铅笔写在作业纸右边的空格里。

③ 对应个、十、百、千位的数字在格子中点相同量的点，先从个位上开始点，点完1235，再点2544。（图1）

图 1

④ 运算过程为两个数直接相加：先读“+2544”，在原有的点上，从个位上接着点4，十位上点4，百位上点5，千位上点2。

⑤ 从个位上的点开始数“1，2，3…”，把结果写在位数下的方格内，十位、百位、千位的方法相同。

⑥ 最后将答案写在作业纸的右下角。（图2）

图2

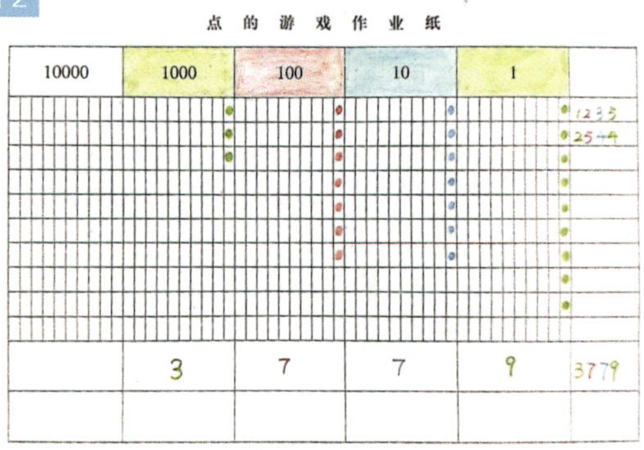

第二次展示　有进位的加法

材料：作业纸，绿色、蓝色、红色的彩色铅笔，题卡袋，垫板。

方法：

① 将作业纸中的个、十、百、千位的数格分别用绿、蓝、红、绿的彩色铅笔涂好。

② 取出题卡，如“1218+3475=”，将题卡的数字写在作业纸右边的空格里。

③ 对应1218的个、十、百、千位在格子中点相同数量的点。

④ 点完1218，再点3475，从个位点起，“个位上是5，1，2”，点到2的时候，格子满了，说“够10进一位”，把个位够10的点画掉，代表10的进位的那一个点用箭头移向十位数格原来的点下面，用蓝色铅笔画1个点，再把个位上余下的“3，4，5”点数完。（图3）

⑤ 以此方法进行十位、百位、千位的运算，够10就要进一位。

⑥ 将答案写在作业纸上。（图4）

注意事项

数点时，要用与位数颜色相同的彩色铅笔进行，便于幼儿清晰位数。

图3

图4

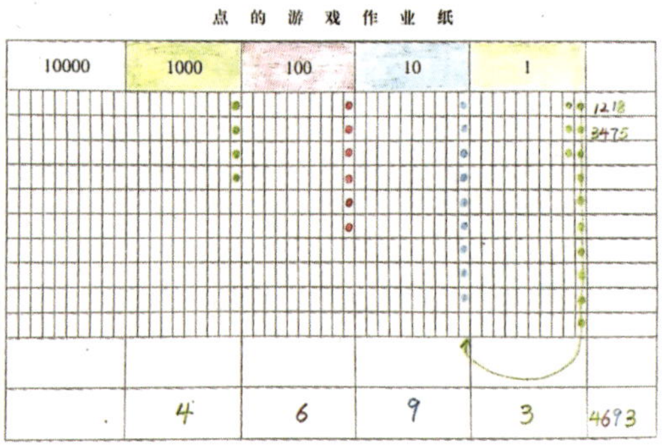

Part

5

四则运算

减法部分

数棒——10的分解

目的

① 学习巩固10以内数的分解（10的分解）。

② 学习10以内的减法。

材料：数棒，1～10的数字卡，“－”卡，“=”卡。

方法：

① 将数棒按1～10的顺序排列。

② 取出数棒10触摸，数“1、2…10”；再取数棒9触摸，左端对齐摆放在数棒10的下面，指数棒问“余几”，并触摸余下的“1”。

③ 取1的数棒触摸，然后放在数棒9的后面，说“一样的”。（图1）

④ 摆成等式形式，将10摆在工作毯左上方并配数字卡10，摆放“－”卡、数棒9和数字卡、“=”卡，再将数棒1放在等号旁，配上数字卡，指数棒读“10减9等于1”。

⑤ 用同样的方法进行10－8、10－7、10－6、10－5、10－4、10－3、10－2、10－1的减法练习。（图2）

图 1

图 2

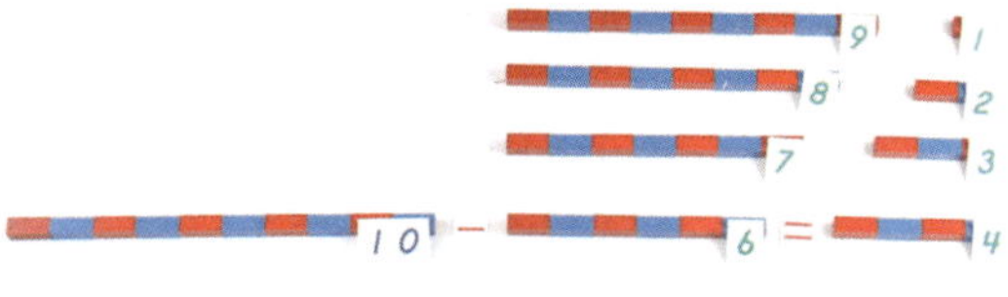

注意事项

① 触摸数棒时要边触摸边数。

② 每进行一次减法时，注意要把“－”卡、“=”卡往下移。

彩色串珠梯

目的

① 巩固10以内数的分解。
② 进行10以内的减法练习。

第一次展示 10的分解

材料：1～9的彩色珠2套，10的金色珠9根，桥，垫布。

方法：

① 将彩色珠按1～9的顺序摆在垫布左上方。
② 取10的金色珠放在垫布中央，用桥数10。
③ 取9的彩色珠放在10的金色珠下面，数"1，2…9"，说"余1"，数余下的1；取1的彩色珠数"1"，放在9的后面，说"一样的"；指着金色珠和彩色珠说"10可以分解成9和1"。
④ 用同样的方法进行10－8、10－7、10－6、10－5、10－4、10－3、10－2、10－1的练习。（图1）

图1

第二次展示　带题卡的练习

材料：1～9的彩色珠2套，10的金色珠5根，桥，垫布，题卡袋。

方法：

① 将彩色珠按1～9的顺序摆在垫布左上方。

② 取10的金色珠放在垫布中央，用桥数10。

③ 取9的彩色珠放在10的金色珠下面，数“1，2…9”，说“余1”，数余下的1；取1的彩色珠数“1”，放在9的后面说“一样的”；指着金色珠和彩色珠说“10可以分解成9和1”。

④ 取出“10－9”的题卡放在旁边，指读“10－9=1”。

⑤ 用同样的方法进行10－8、10－7、10－6、10－5、10－4、10－3、10－2、10－1的练习。（图2）

图 2

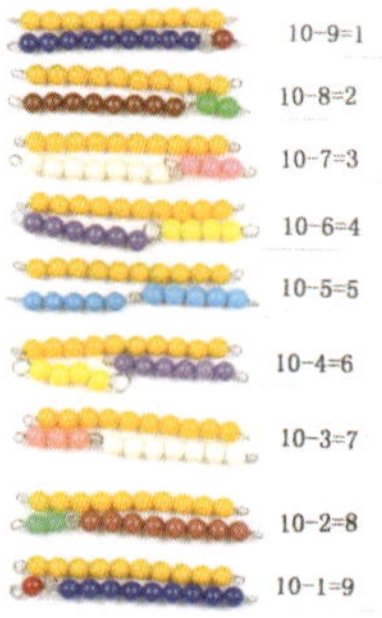

第三次展示　作业纸的练习

材料：1~9的彩色珠2套，10的金色珠9根，桥，垫布，题卡袋，垫板，作业纸，彩色铅笔，铅笔。

方法：

① 运算方式与第二次展示相同。

② 每进行完一个算式，就用相应的彩色铅笔把彩色珠与算式填写在作业纸上。（图3）

图 3

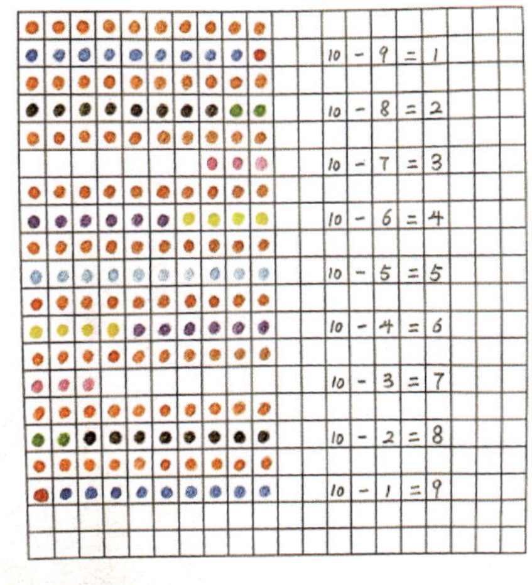

注意事项

每一个分解都使用10的金色珠做对比。

银行游戏

目的

① 培养幼儿处理大数目减法的信心。

② 巩固减法练习。

第一次展示　不借位的减法

材料：金色串珠组，数字卡袋，题卡袋，“－”卡，“＝”卡，缎带，小托盘，小碟子。

方法：

① 选择2张工作毯。

② 抽一张题卡，如“3876－2134＝”，放置在工作毯的上方。

③ 将3876的小数字卡放在托盘中递给幼儿，请他去取相应数量的珠，再按千、百、十、个位的顺序摆放，边摆边读“1000…3000；100，200…800；10，20…70；1，2…6”。

④ 请幼儿取3876的数字大卡，从千位开始，对应珠摆放，边摆边读。（图1）

⑤ 取2134的数字小卡，从千位开始，对应位数摆放。

图 1

⑥ 在左边放“－”卡，下面放缎带隔开，在“－”卡下面放“＝”卡。（图2）

图2

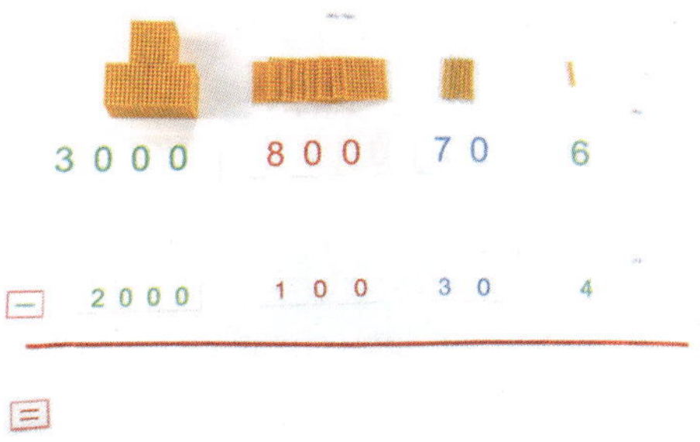

⑦ 从个位开始减，边说“个位减4”，边将个位上所有的珠放在小托盘中，然后将4个珠放在减数4的数字卡上方，边放边数“1，2，3，4”，再说“余1，2”，将余下的珠放在缎带下面的个位上，请幼儿取2的数字小卡配对并读“2”。

⑧ 用同样的方法进行十位、百位、千位的运算。

⑨ 答案得出后，将数字小卡叠放，说“1742就是答案”，放在工作毯上“＝”卡的后面，读“3876－2134＝1742”。（图3）

图3

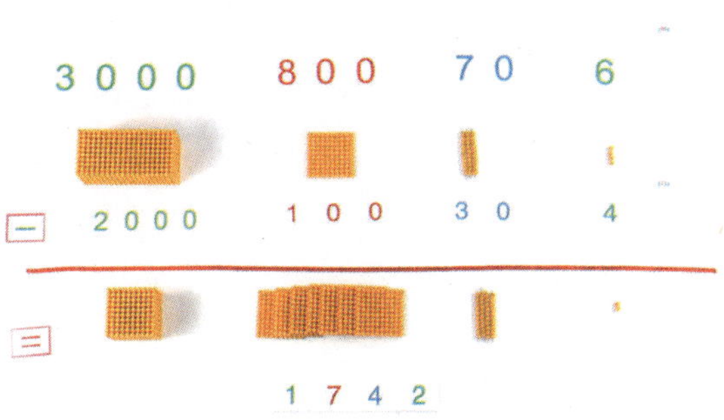

⑩ 收珠的顺序：减数个位—差的个位—减数十位—差的十位……

第二次展示　有借位的减法

方法：

① 先抽一张题卡，如“4782－2736＝”，放置在工作毯的上方。

② 将4782的小数字卡放在托盘中递给幼儿，请他去取相应的珠，再按千、百、十、个摆放，边摆边读“1000，2000…4000；100，200…700；10，20…80；1，2”。

③ 请幼儿取4782的数字大卡对应摆放，边摆边读。

④ 取2736的数字小卡，对应位数摆放。

⑤ 在左边放“－”卡，放缎带隔开，在“－”卡下面放“＝”卡。（图4）

图4

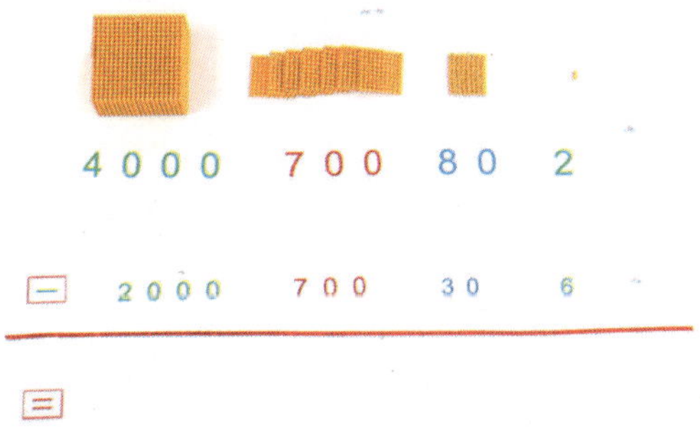

⑥ 从个位开始减，“个位2减6不够减，从十位借1，请你用1个10的珠去换10个1的珠”，将换来的10个1的珠，竖放在个位2的上面。（图5）

⑦ 将个位上所有的珠子（含换来的珠）放入盘中，边说“减6”，边取6粒珠放在减数6的数字卡上方，余下的珠边数边放在缎带下面的个位上，并配上数字小卡。（图6）

⑧ 将十位上所有的珠子放入盘中，边说“十位上减3”，边取3个10的珠放在减数30的数字卡上方，将余下的珠边数边放在缎带下面的十位上，并配上数字小卡。

⑨ 用同样的方法进行百位、千位的运算。

⑩ 得出答案后，将数字小卡叠放，说“2046就是答案”，再放在工作毯上方“＝”卡的后面，读“4782－2736＝2046”。（图7）

图5

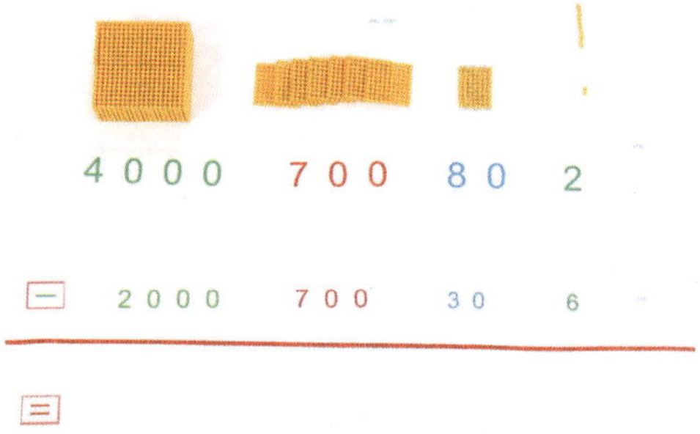

图6

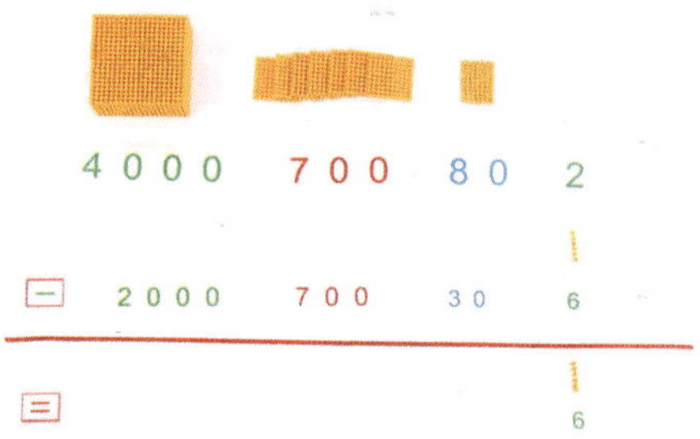

图7

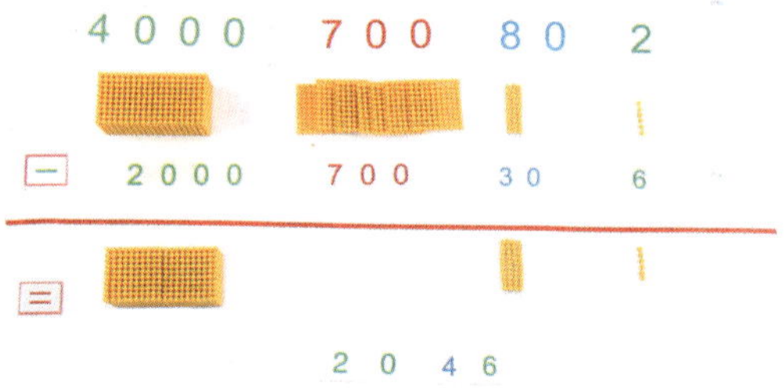

减法板

目的

① 温习10以内的减法。
② 学习18以内的减法。

第一次展示　9的减法

材料：减法板，红色、蓝色、黄色定规，指环，垫板。

方法：

① 将所有教具取出，把红色、蓝色定规摆在减法板上端（与加法板相同），黄色定规摆在减法板的右边。（图1）

② 做9的减法，将指环套在9上，数9后面的空格“1，2，3…9”；在黄色定规中，由下至上数到9，取9的黄色定规将减法板上10～18的数字盖住。

③ 将红色定规9放在1～9的格子上，指读“9减9得0”，下移一行定规。

④ 将红色定规8放在9下方的格子上，定规右边与9对齐，指读“9减8得1”，将1的蓝定规放在1的格子上，下移一行红色、蓝色定规。

图1

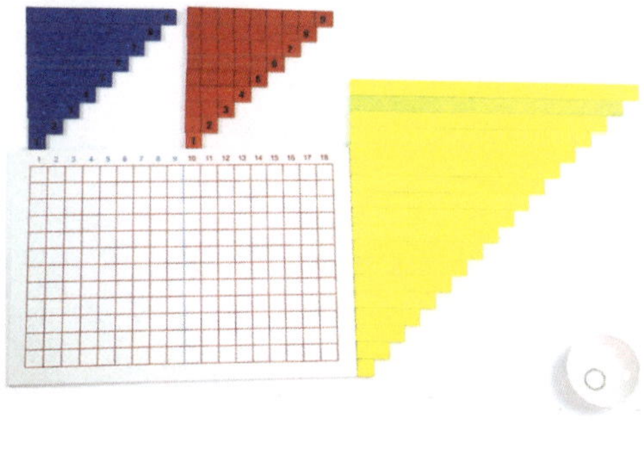

⑤ 用同样的方法做9－7＝2、9－6＝3、9－5＝4、9－4＝5、9－3＝6、9－2＝7、9－1＝8。

⑥ 最后为“9－0”得9，收时先收蓝色定规，再收红色定规，最后收黄色定规。（图2）

图 2

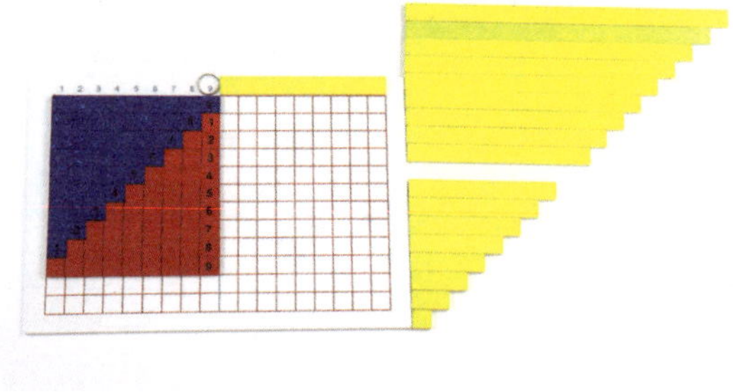

第二次展示　18 以内的减法

材料：减法板，红色、蓝色、黄色定规，指环，垫板，铅笔，作业纸（有规律的运算，如10－9＝，10－8＝…10－1＝）。

方法：

① 把红色、蓝色定规摆在减法板上端，黄色定规摆在减法板的右边（按第一次展示摆放）。

② 取出作业纸。

③ 将指环套在10上，数10后面的空格，读“1，2，3…8”，然后在黄色定规中由下至上数到8，找出相应的黄色定规盖住10以后的数字。

④ 将红色定规9放在板上数字10的下方格子上，定规右边与10对齐。

⑤ 指读“10减9得1”，并将1的蓝色定规放在1的格子上。

⑥ 将答案写在作业纸上，“10－9＝1”。

⑦ 用同样的方法进行10－8＝2、10－7＝3…10－1＝9的练习。（图3，图4）

图 3

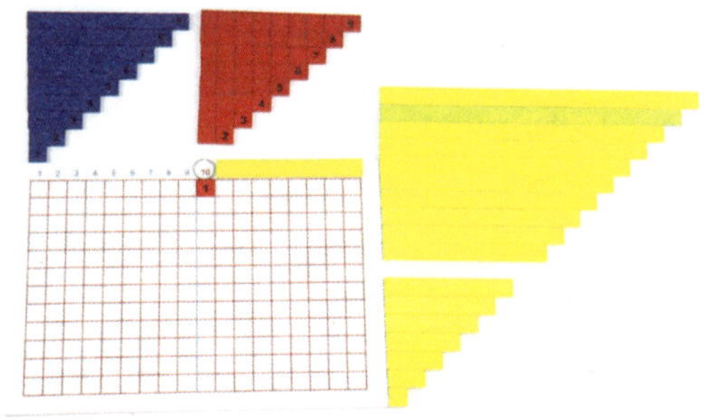

图 4

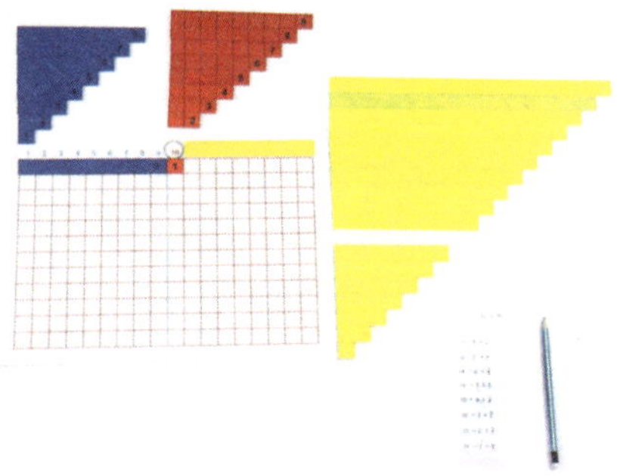

第三次展示　带题卡的练习

材料：减法板，红色、蓝色、黄色定规，指环，题卡袋，空白作业纸，铅笔。

图 5

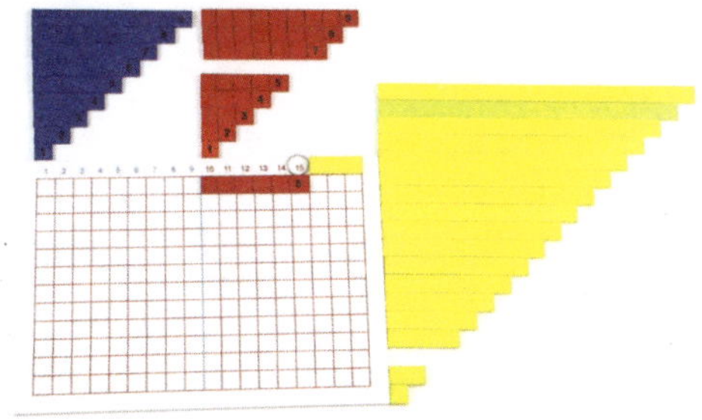

图 6

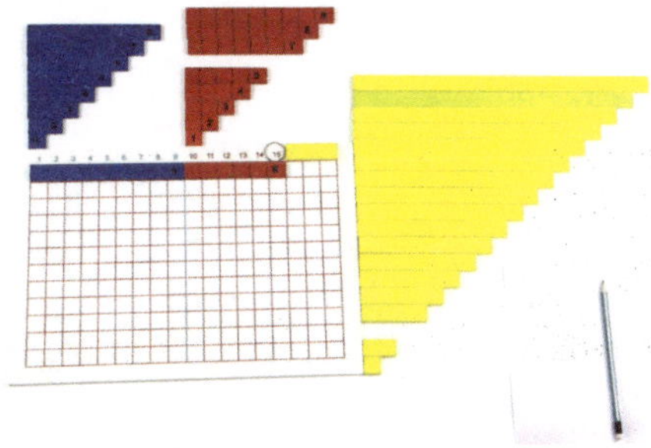

方法：

① 抽题卡，读出上面的算式，如“15－6＝”，再把题卡放在减法板的左边。

② 将指环套在15上，数15后面的空格，“1，2，3”，从黄色定规中将3的定规取出，盖在15以后的数字上。

③ 取红色定规6放在数字15下方的格子上，定规右边与15对齐，然后数前面剩下的格子“1，2，　3…9”，取蓝色定规9放在剩下的格上说“15－6得9”。（图5）

④ 将题目和答案写在作业纸上。（图6）

注意事项

板上的数字为被减数，红色定规为减数，蓝色定规为得数。

邮票游戏

目的

① 温习四位数的减法。
② 从具体运算过渡到抽象运算。

第一次展示　不借位的减法

材料：定位小人，邮票，数字卡袋，题卡袋，“－”卡，“=”卡，缎带，标有位数的托盘或盒子4个，小托盘。

方法：

① 将定位小人放在工作毯上方。
② 抽一张题卡，如“3876－2134＝”，放置在工作毯的上方。
③ 教师将3876的小数字卡放在托盘中递给幼儿，请他取相应的邮票，按千、百、十、个位摆放，边摆边读“1000，2000，3000；100，200…800；10，20，30…70；1，2，3…6”，并取3876的数字大卡对应摆放。
④ 取2134的数字小卡，对应位数摆放。
⑤ 在左边放“－”卡，下面放缎带隔开，对应“－”卡，再放“=”卡。（图1）

图1

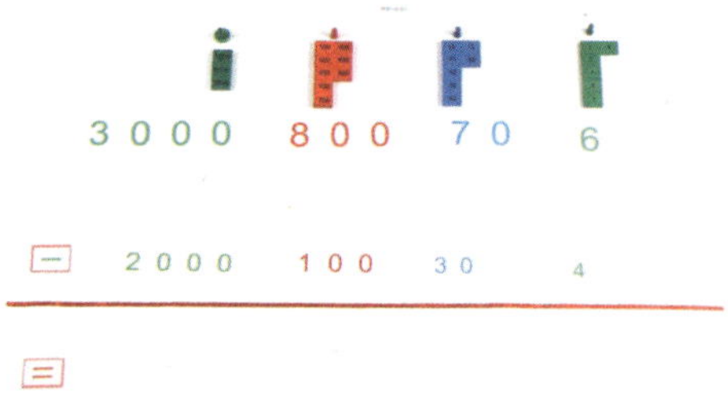

⑥ 从个位开始减，“6减4”，先将个位上的6个邮票全部放在小托盘中，然后将4个邮票放在减数4的数字卡上方，将余下的邮票放在缎带下面的个位上。

⑦ 用同样的方法进行十位、百位、千位的运算。

⑧ 答案得出后，取相应的数字小卡叠放，说“1742就是答案”；再放在工作毯上方“＝”卡的后面，读“3876－2134＝1742”。（图2）

图 2

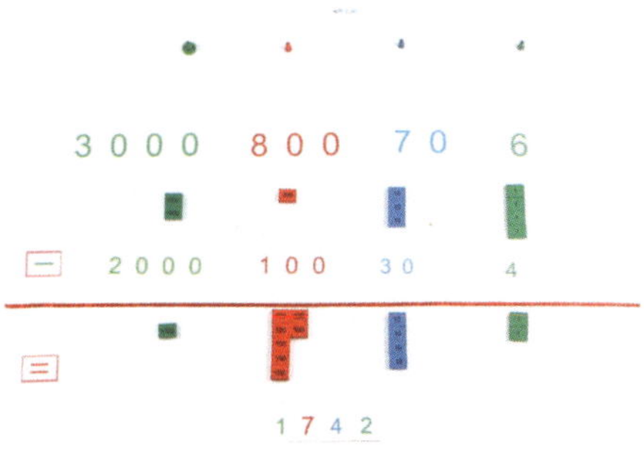

第二次展示　借位的减法

材料：定位小人，邮票，数字卡袋，题卡袋，“－”卡，“＝”卡，缎带，标有位数的托盘或盒子4个，小托盘。

方法：

① 将定位小人放在工作毯上方。

② 抽一张题卡，如“4782－2736＝”，放置在工作毯的上方。

③ 请幼儿取4782的邮票和数字大卡，方法与第一次展示相同。

④ 取2736的数字小卡，对应位数摆放。

⑤ 左边放“－”卡，下面放缎带隔开，再放“＝”卡。（图3）

⑥ 从个位开始减，说“个位上2减6不够减，从十位借1，请你用1个10的邮票去换10个1的邮票”，将换来的10个1的邮票，摆在个位2的上面。（图4）

图 3

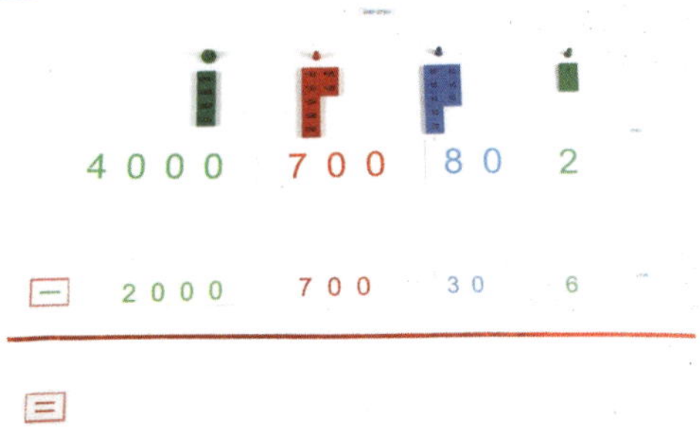

图 4

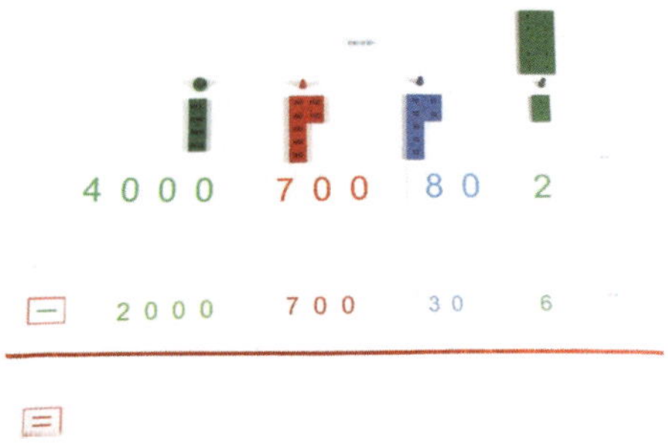

⑦ 将所有个位的邮票放入盘中，“减6”，取6个邮票放在减数6的数字卡上方，余下的邮票放在缎带下面的个位上。

⑧ 将十位上所有的邮票放入盘中，“十位上减3”，取3个10的邮票放在减数30的数字卡的上方，将余下的4个10的邮票放在缎带下的十位上。

⑨ 用同样方法进行百位、千位的运算。

⑩ 答案得出后，取相应的数字小卡叠放，说“2046就是答案”，并读“4782－2736＝2046”。（图5）

图5

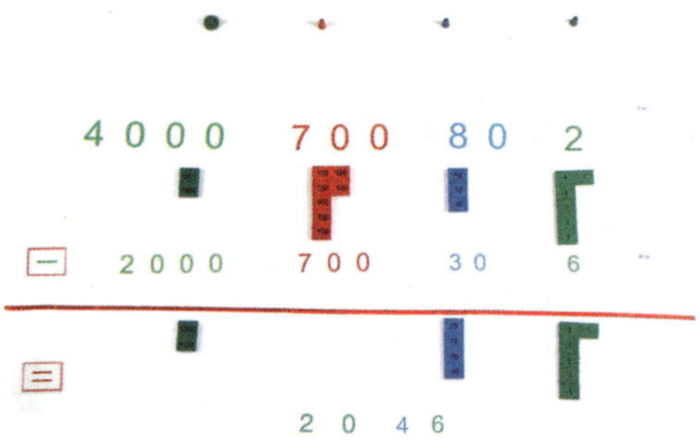

计算架

目的

① 巩固练习四位数的减法。

② 巩固练习不借位和借位的减法。

第一次展示　不借位的减法

材料：计算架，红色、蓝色、绿色的彩色铅笔，题卡袋。

方法：

① 将计算架摆好，取题卡，如“3876－2134＝”。

② 在个位上从左至右用绿色铅笔边拨绿色珠边数“1，2…6”；用蓝色铅笔从左至右拨十位上的蓝色珠，数“10，20…70”；用红色铅笔从左至右拨百位上的红色珠，数“100，200…800”；用绿色铅笔从左至右拨千位上的绿色珠，数“1000，2000，3000”；最后指着计算架读“3876”。（图1）

图1

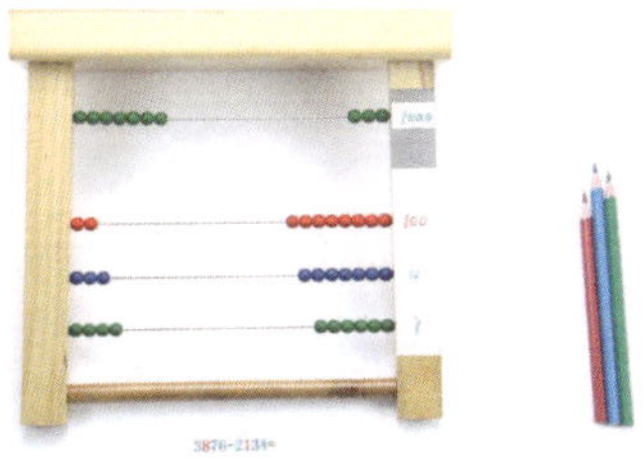

③ 指着题卡读“减2134”，从右往左边拨个位上的珠边说“个位减4，1，2，3，4”。用同样的方法进行十位、百位、千位的运算。（图2）

④ 拨完后从千位开始数读“1742就是答案”。

⑤ 指算式和珠子读“3876－2134＝1742”。

图 2

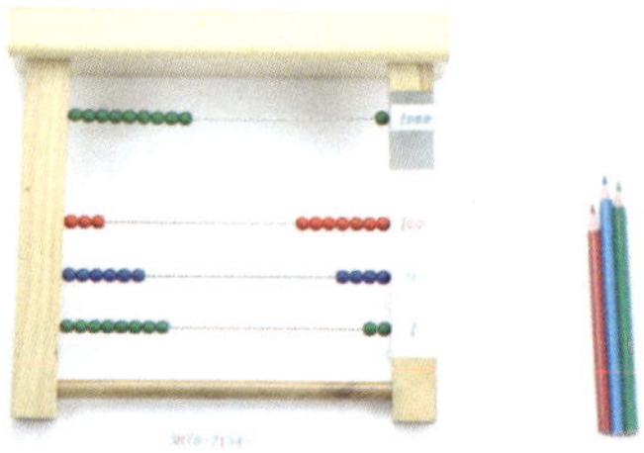

第二次展示　借位的减法

材料：计算架，红色、蓝色、绿色的彩色铅笔，题卡袋。

方法：

① 抽题卡，如“4782－2736＝”。

② 拨4782的珠子，方法与第一次展示相同。

③ 指着题卡说“减2736，个位减6，1，2不够减，向十位借1”，然后先将十位上借的1个珠拨到中间，再把个位上的10个珠拨到右边，接着数“减3，4，5，6”，减完后将十位借的1拨到左边说“十位减3，1，2，3”。（图3，图4，图5）

图 3

图 4

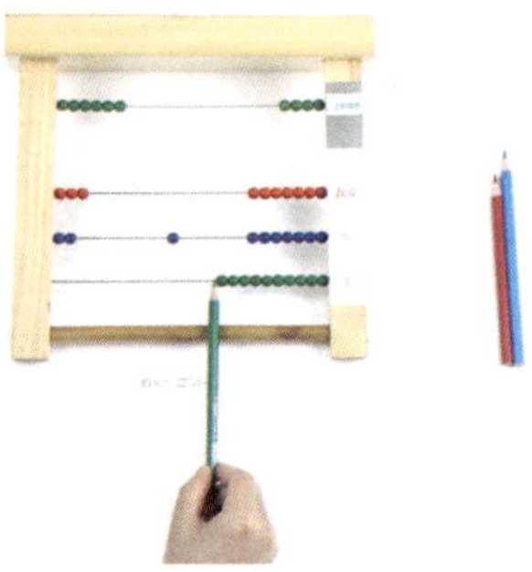

图 5

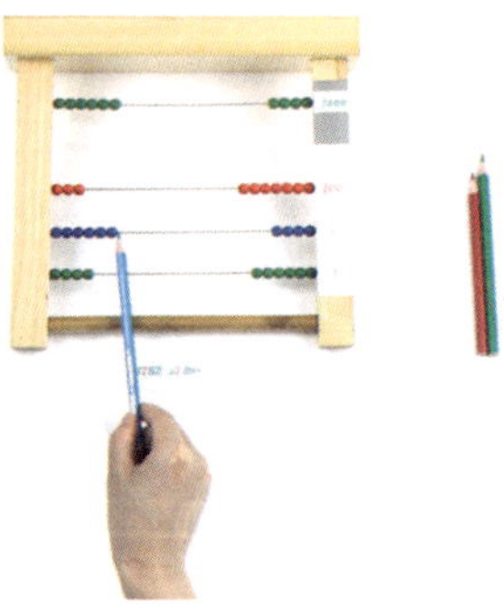

④ 用同样的方法进行百位、千位的运算。（图6）

⑤ 拨完后从千位开始数读“2046就是答案”。

⑥ 指着题卡读“4782－2736＝2046”。

图6

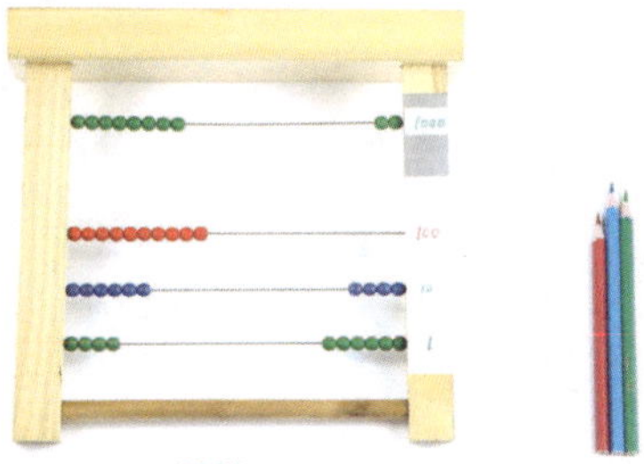

第三次展示　作业纸的练习

材料：计算架，红色、蓝色、绿色的彩色铅笔，铅笔，题卡袋，作业纸，垫板。

方法：

① 摆好计算架，取出题卡。

② 将题目“4782－2736＝”抄写在作业纸的计算格中。

③ 将作业纸上标有“个、十、百、千”的格子分别用绿色、蓝色、红色、绿色的彩色铅笔涂满。

④ 用相应颜色的笔将数字4782写在第一行格子里，2736写在第二行格子里，“－”写在数字“2”前面的万位上。

⑤ 在“－2736”的格子下面的线上画一条直线。

⑥ 运算过程与不进位、进位减法相同。

⑦ 把答案写在作业纸上直线的下面格子里和算式“＝”后。（图7）

图7

计算架练习纸　　日期　　　姓名

计算题	4782－2736＝2046			
万	千	百	十	个
	4	7	8	2
－	2	7	3	6
	2	0	4	6

注意事项

带作业纸的减法可在借位和不借位的练习中使用。

减法点的游戏

目的

① 进入抽象的减法练习。

② 巩固练习四位数的减法。

第一次展示　不借位的减法

材料：作业纸，绿色、蓝色、红色的彩色铅笔，垫板，题卡袋。

方法：

① 将作业纸中的个、十、百、千位的数格分别用绿色、蓝色、红色、绿色的彩色铅笔涂好。

② 抽题卡，如“3876－2134＝”，将题卡的数字写在作业纸的右边的空格里。

③ 将代表3876的点涂在作业纸上。

④ “个位减去4，十位减去3，百位减去1，千位减去2”，从下面的点开始画掉。（图1）

⑤ 从个位开始，点数得数，并把数字写在对应的方格里，依次完成十位、百位、千位。

⑥ 最后将完整的答案写在作业纸的右下角对应的位置上。（图2）

图 1

图 2

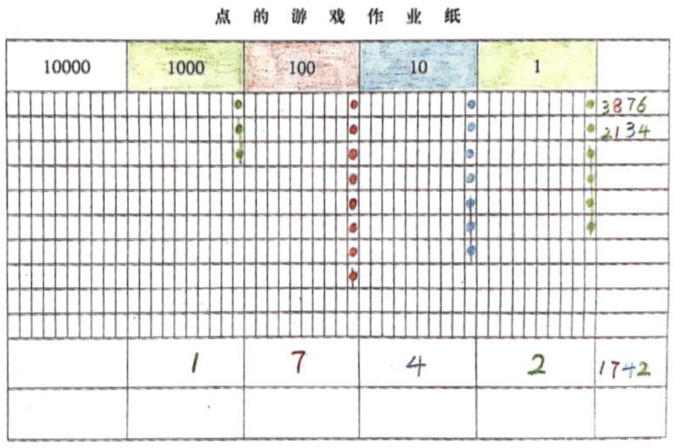

第二次展示　借位的减法

材料：作业纸，绿色、蓝色、红色的彩色铅笔，垫板，题卡袋。

方法：

① 将作业纸中的个、十、百、千位的数格分别用绿、蓝、红、绿的彩色铅笔涂好。

② 抽题卡，如“4782－2736＝”，将题卡的数字写在作业纸右边的空格里。

③ 先将代表4782的点涂在作业纸上。

④ “个位2减6，不够减，向十位借1”，用蓝色铅笔画掉十位格中最下面的1个点，并画箭头到个位格，在个位上原有的点下面，用绿色铅笔增加10个点。（图3）

⑤ “个位减去6，1，2…6”，画掉个位上的6个点。

⑥ “十位减3，1，2，3”，画掉十位上的3个点，用同样方法进行百位和千位的运算。

⑦ 从个位开始，点数得数，并把数字写在对应的方格里，依次完成十位、百位、千位。

⑧ 最后将完整的答案写在作业纸的右下角，并说“答案是2046”。（图4）

图3

图4

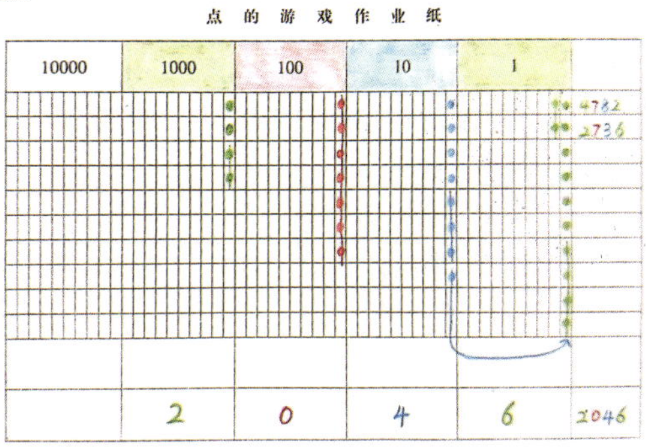

Part

6

四则运算

乘法部分

乘法板

目的

① 建立乘法概念，导入乘法的练习。
② 掌握100以内的乘法，通过操作的过程让幼儿自己发现乘法的规律。
③ 导入乘法算式的书写练习。

第一次展示　有规律的练习

材料：乘法板，1～10的数字卡，100粒珠子，定位片，垫板，带题目的作业纸，铅笔，小碟子。

方法：

① 先将数字卡按1～10的顺序竖摆于乘法板的左边，与板保持约15厘米的距离。
② 教师取出作业纸，读题“2乘以1等于”，先将定位红片放在板上数字2的上面，再将1的数字卡插入乘法板左侧的圆穴中。
③ 指读“2×1，将2取1次”，然后一个一个取珠放入盘中，再一个一个放在板上，数“1，2”。
④ 用手指板上的2、圆穴中的1，再指乘法板中的珠，读“2乘以1等于2”，将答案写在作业纸上。（图1）

图 1

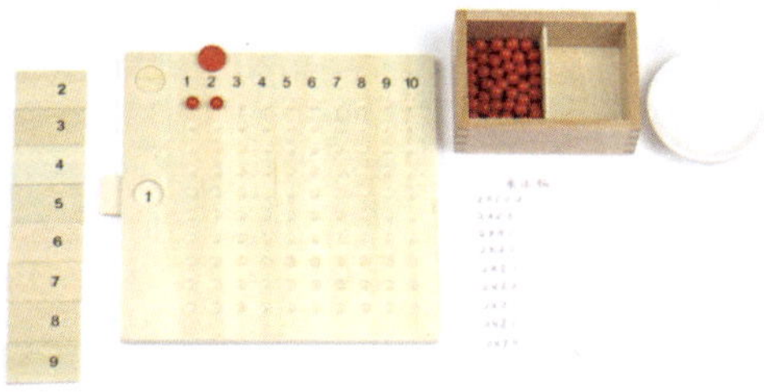

⑤ 将1的数字卡和珠子归位，换2的数字卡做2×2。教师边说“2乘以2等于，将2取2次，第一次取2”，边取出珠子摆在板上边数“1，2”；“第二次取2”，取出珠子摆在板上并数“1，2”；最后数全部的珠“1，2，3，4”。

⑥ 手指板上的2和圆穴中的2，再指乘法板中的珠，读“2乘以2等于4”，将答案写在作业纸上。（图2）

⑦ 用同样的方法进行2×3（将2取3次）、2×4（将2取4次）、2×5（将2取5次）、2×6（将2取6次）、2×7（将2取7次）、2×8（将2取8次）、2×9（将2取9次）的运算过程。

图2

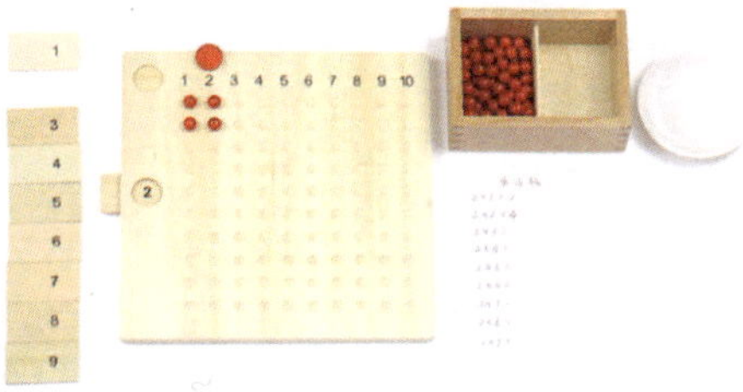

第二次展示　带题卡的练习

材料：乘法板，1～10的数字卡，100颗珠子，定位片，小碟子，题卡袋，空白作业纸，垫板，铅笔。

方法：

① 先将数字卡按1～10的顺序竖摆于乘法板的左边，与板保持约15厘米的距离。

② 抽一张题卡，如“5×2=”。

③ 教师读“5×2”，并将定位红片放在板上数字5的上面，再将数字卡2插入板左侧中间的圆穴。

④ 边取珠边说“5×2，将5取2次”，第一次取5摆在板上并数“1，2，3，4，5”，第二次取5摆在板上并数“1，2，3，4，5”，最后数全部的珠“1，2，3，4，5，6，7，8，9，10”。

⑤ 用手指板上的5和圆穴中的2，再指乘法板中的珠，读“5乘以2等于10”。

⑥ 最后请幼儿将题和答案写在作业纸上，并读“5×2=10”。（图3）

图3

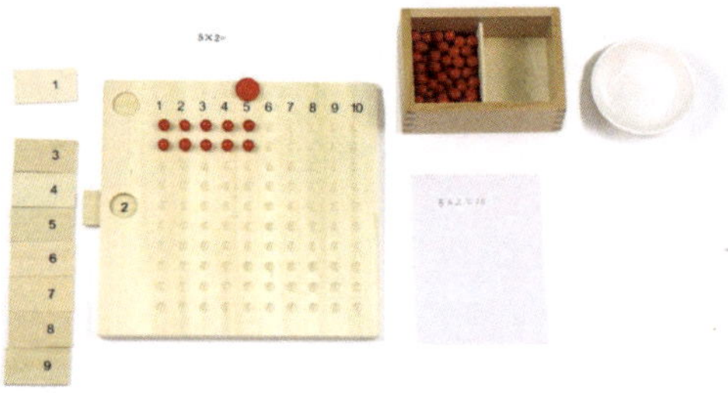

银行游戏

目的

① 培养幼儿处理大数目乘法的信心。

② 巩固练习乘法，发现乘法的内在规律。

材料：金色串珠组，数字卡袋，题卡袋，“×”卡，“＝”卡，缎带，托盘，小碟子。

方法：

① 请先抽一张题卡，如“3424×2＝”，放在工作毯的上方。

② 邀请幼儿去取3424的珠，从千位开始摆放在工作毯上。

③ 再取3424的数字小卡，对应金色珠摆放，边摆边读，然后把数字卡叠起来，放在工作毯的右上方。

④ “乘以2”，邀请幼儿去取第二个3424的珠，从千位开始摆放，边摆边读。

⑤ 再取2的数字小卡放右边，与4的数字卡对应摆放，取“×”卡放左边，放缎带、“＝”卡。（图1）

图 1

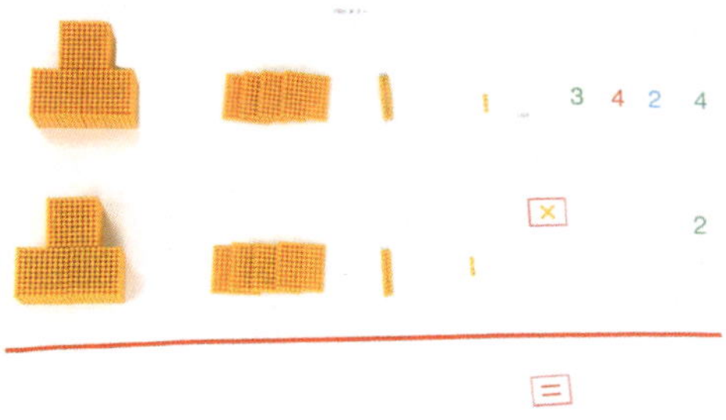

⑥ 将个位上的珠合起来，放在缎带下面的个位上，边摆边数“1，2，3…8”，再请幼儿取8的数字大卡配对摆放。将十位上的珠合起来，放在缎带下面的十位上，边摆边数“10，20，30，40”，并取数字大卡配对摆放。（图2）

⑦ 用同样的方法依次将百位上的珠、千位上的珠合起来，摆在缎带下面相应的位置，并取与珠相应的数字大卡配对。

⑧ 叠放（从个位到千位）数字大卡，并放在“＝”卡后面，读“6848就是答案”，再放在工作毯上方“＝”卡后面，读“3424×2＝6848”。（图3）

图 2

图 3

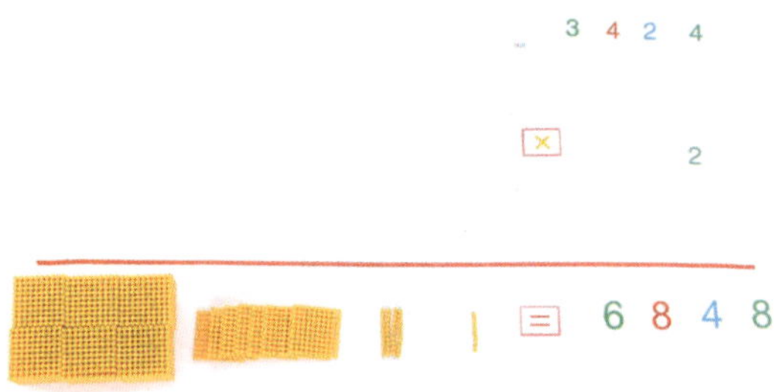

邮票游戏

目的

① 巩固练习大数目乘法。

② 进入抽象的乘法练习。

材料：定位小人，邮票，数字卡袋，题卡袋，“×”卡，“＝”卡，缎带，标有位数的托盘或盒子4个，小托盘。

方法：

① 将定位小人放在工作毯上方。

② 抽一张题卡，如“3424×2＝”，放置在工作毯的上方。

③ 邀请幼儿去取3424的邮票，从千位开始摆放在工作毯上，边摆边读“1000，2000…”。

④ 邀请幼儿去取3424的数字小卡，对应邮票摆放，边摆边读，然后把数字卡叠起来，放在工作毯的右上方。

⑤ “乘以2”，邀请幼儿去取第二个3424的邮票，从千位开始摆放，边摆边读。（图1）

⑥ 再取2的数字小卡放右边，与4的数字卡对应摆放，取“×”卡放左边，放缎带、“＝”卡。（图2）

图 1

图 2

⑦ 将个位上的邮票合起来，放在缎带下面的个位上，边摆边数“1，2，3…8”，请幼儿取8的数字大卡。将十位上的邮票合起来，放在缎带下面的十位上，边摆边数“10，20，30，40”，并取数字大卡配对。

⑧ 用同样的方法依次将百位上的邮票、千位上的邮票合起来，摆在缎带下面相应的位置，并取相应的数字大卡配对。

⑨ 叠放（从个位到千位）数字大卡，并放在“=”卡后面，读“6848就是答案”，再放在工作毯上方的“=”卡后面，读“3424×2=6848”。（图3）

图3

Part

7

四则运算

除法部分

除法板

目的

① 导入除法运算的练习，建立准确的除法概念。

② 发现除法的运算规律。

③ 发展幼儿逻辑思维智能。

第一次展示　能整除的除法练习

材料：除法板，81颗珠子，9个小人，铅笔，题卡袋，有题目的作业纸，小碟子。

图 1

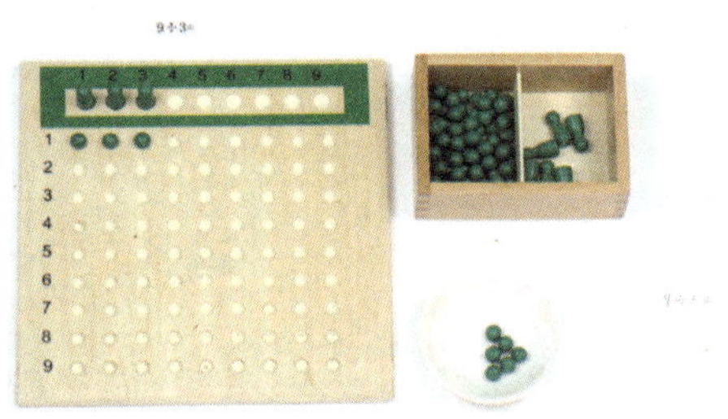

图 2

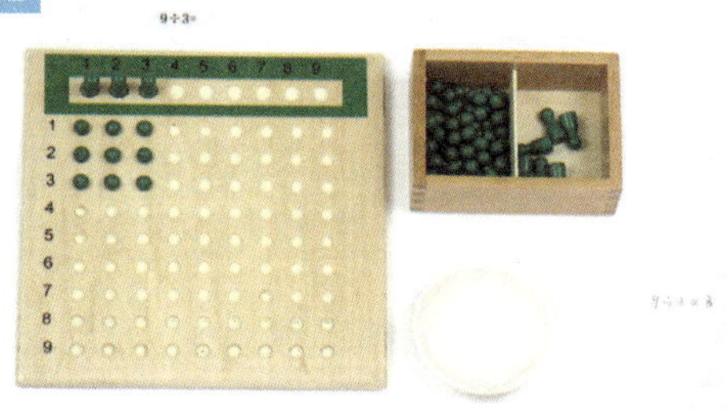

方法：

① 抽题卡，如“9÷3＝”。

② 读“9除以3”，取9个珠放入小碟子中；说“将9个珠子平均分给3个小人”，将3个小人插入板上，并说“第一次平均分，第二次平均分，第三次平均分”。（图1）

③ 分完后，数其中一个小人下方对应的珠子“1，2，3，3就是答案”，指着算式读“9除以3等于”，再指着得数说“3”。

④ 将算式和答案写在作业纸上。（图2）

第二次展示　有余数的除法练习

材料：除法板，81颗珠子，9个小人，铅笔，红色的彩色铅笔，空白作业纸，题卡袋，小碟子。

方法：

① 抽题卡，如“13÷3=”。

② 读“13除以3”，取13个珠放入小碟子中；说“将13个珠平均分给三个小人”，并将3个小人插入板上的洞穴中。

③ “第一次平均分，第二次平均分，第三次平均分，第四次平均分，还剩1不够分，是余数”，把余数留在小碟子里。（图3）

④ 分完后，数其中一个小人下方对应的珠子，读“1，2，3，4”，再指小碟子中的1说“余1”，指着算式读“13除以3等于4”，再指着小碟子中的珠子说“余1”。

⑤ 将算式和答案写在作业纸上，用红色的笔写余数。（图4）

图 3

图 4

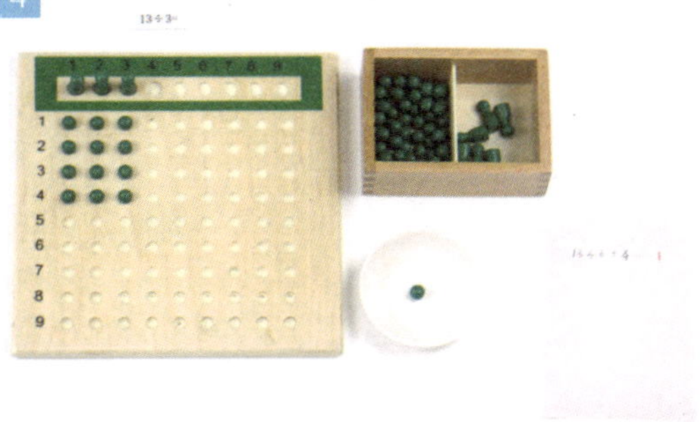

银行游戏

目的

① 培养幼儿处理大数目除法的信心。

② 巩固除法练习，发现除法的内在规律。

第一次展示　能整除的除法练习

材料：金色串珠组，数字卡袋，题卡袋，“÷”卡，“=”卡，缎带，托盘，小托盘（对应除数）。

方法：

① 抽题卡，如“4448÷4=”，放置在工作毯的上方。

② 邀请幼儿去取4448的珠，从千位开始，按位数摆放在工作毯上。（图1）

图1

③ 邀请幼儿去取4448的数字大卡，对应金色珠摆放，边摆边读。

④ “除以4”，邀请幼儿去取4的数字小卡，放右边，把“÷”卡放左边。

⑤ 放缎带、“＝”卡。

⑥ 将4个小托盘摆放在缎带下，说“我们把4448平均分在4个小托盘中，从千位开始分”，先把千位上的珠合在一个托盘中，再分到小托盘中，边分边说“1000，1000，1000，1000”，用同样的方法将百位、十位和个位上的珠平均分到小托盘中。（图2、图3）

⑦ 分完后数每个小托盘中各得多少，配数字小卡叠放（从个位到千位），读“1112就是答案”，再将1112放在工作毯上方的“＝”卡后面，读“4448÷4＝1112”。（图4）

图2

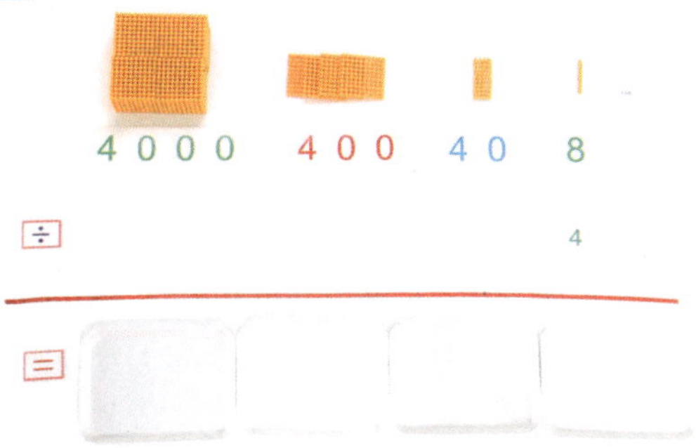

图3

图4

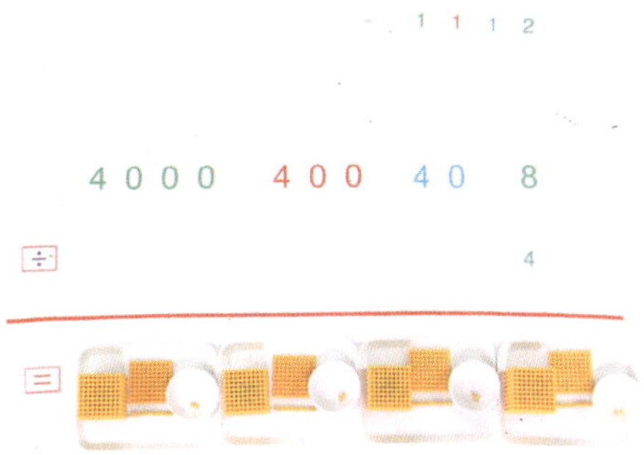

第二次展示　有余数的除法练习

材料：金色串珠组，数字卡袋，题卡袋，“÷”卡，“＝”卡，缎带，托盘，小托盘（对应除数），小碟子（用于装余数）。

方法：

① 抽题卡，如“2451÷2＝”，放置在工作毯的上方。

② 邀请幼儿去取2451的珠，按位数摆放。

③ 邀请幼儿去取2451的数字大卡，对应金色珠摆放。

④ “除以2”，邀请幼儿去取2的数字小卡，放右边，把“÷”卡放左边。

⑤ 放缎带、“＝”卡。

⑥ 将2个小托盘摆放在缎带下，说“我们把2451的数珠平均分在2个小托盘中，从千位开始分，1000、1000，100、100，100、100，10、10，10、10，余下的10不够分，请你用1个10的串珠去换10个1的珠”。（图5、图6）

⑦ 将换来的10个1的珠竖放在个位1的珠子上方。

⑧ 将所有个位的珠子（含原来的）集中在一起平分到2个小托盘中，说“1，1；1，1；1，1；1，1；1，1；余1不够分”，将余数放在小碟子中，说“还剩1个1不够分，把它放在小碟子中，这是余数”。

⑨ 分完后数每个托盘中各得多少，配数字小卡并叠放（从个位到千位），读“1225余1”，余数1配上小数字卡。

⑩ 将数字卡1225和1放在工作毯上方的“＝”卡后面，读“2451÷2＝1225余1”。（图7）

图 5

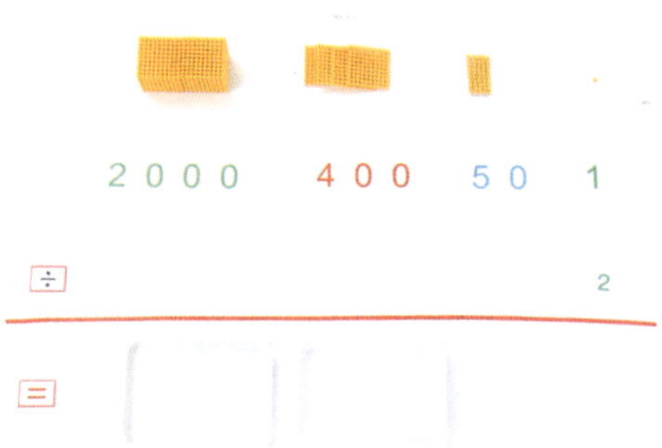

图 6

图 7

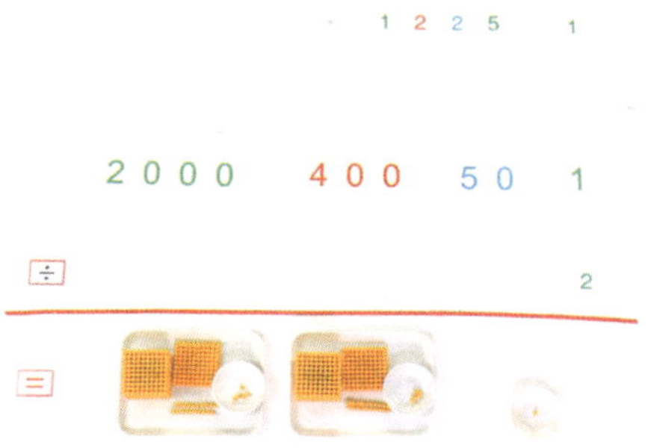

邮票游戏

目的

导入抽象的除法练习。

第一次展示　能整除的除法练习

材料：定位小人，邮票，数字卡袋，题卡袋，“÷”卡，“=”卡，缎带，标有位数的托盘或盒子4个，托盘，小托盘（对应除数）。

方法：

① 将定位小人放在工作毯上方。
② 抽题卡，如“4448÷4=”，放置在工作毯的上方。
③ 邀请幼儿去取4448的邮票，从千位开始按位数摆放在工作毯上。（图1）
④ 邀请幼儿去取4448的数字大卡，对应邮票摆放，边摆边读。
⑤ “除以4”，邀请幼儿去取4的数字小卡，放右边，把“÷”卡放左边。
⑥ 放缎带、“=”卡。

图 1

⑦ 将4个小托盘摆放在缎带下，说“我们把4448平均分在4个小托盘中，从千位开始分”，先把千位上的珠合在一个大托盘中，再分到小托盘中，边分边说“1000，1000，1000，1000”。（图2）

⑧ 用同样的方法将百位、十位和个位上的珠平均分到小托盘中。

⑨ 分完后数每个小托盘中各得多少，配数字小卡叠放（从个位到千位），读“1112就是答案”。

⑩ 将1112放在工作毯上方的“＝”卡后面，读“4448÷4＝1112”。（图3）

图2

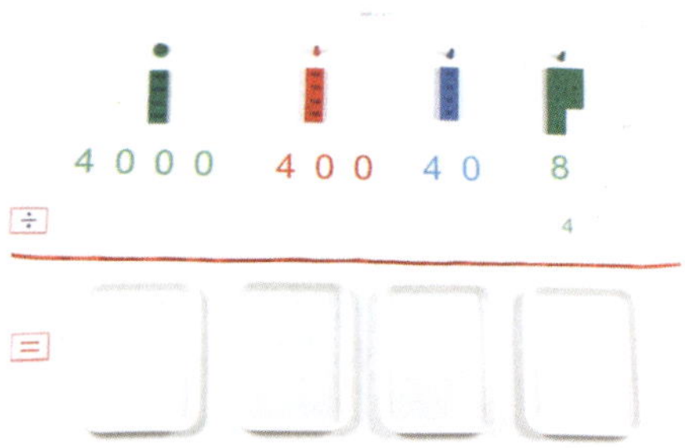

图3

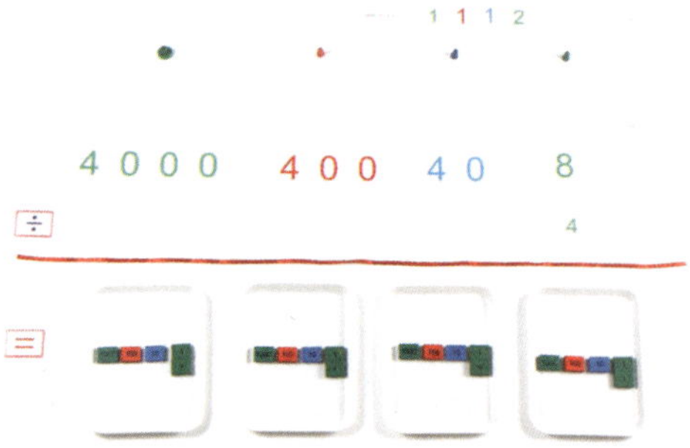

第二次展示　有余数的除法练习

材料：定位小人，邮票，数字卡袋，题卡袋，“÷”卡，“＝”卡，缎带，标有位数的托盘或盒子4个，托盘，小托盘（对应除数），小碟子（用于装余数）。

方法：

① 将定位小人放在工作毯上方。

② 抽题卡，如“2451÷2＝”，放置在工作毯的上方。

③ 邀请幼儿去取2451的邮票，按位数摆放。

④ 邀请幼儿去取2451的数字大卡，对应邮票摆放。

⑤“除以2”，邀请幼儿去取2的数字小卡，放右边，“÷”卡放左边。

⑥放缎带、“＝”卡。

⑦将2个小托盘摆放在缎带下，说“我们把2451平均分在2个小托盘中，从千位开始分，1000、1000，100、100，100、100，10、10，10、10，10不够分，请你用1个10的邮票去换10个1的邮票”。（图4）

⑧将换来的10个1的邮票，竖放在个位1的邮票上方。

⑨将所有个位的邮票（含原来的）集中在一起平分到2个小托盘中，说“1，1；1，1；1，1；1，1；1，1；余1不够分”，将余数放在小碟子中，说“还剩1个1不够分，把它放在小碟子中，这是余数”。

⑩分完后数每个托盘中各得多少，并配数字小卡（从个位到千位），余数也配上小数字卡，读“答案是1225余1”。

⑪再将数字卡“1225和1”放在工作毯上方的“＝”卡后面，读“2451÷2＝1225余1”。（图5）

图4

图5

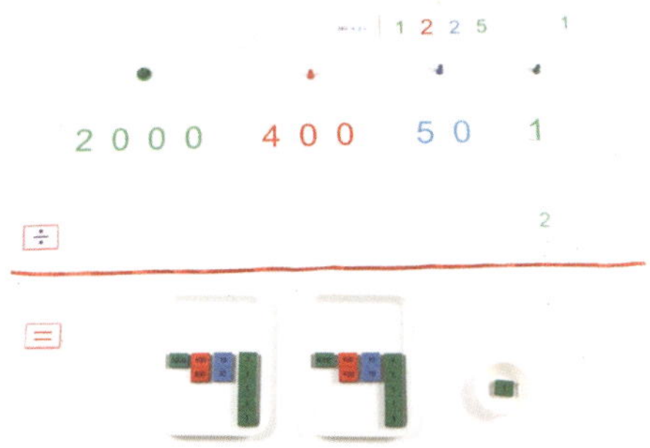

Part

8

分数

分数小人

目的

① 获得分数的感官认识。
② 体验等分的过程。
③ 了解整体与部分的关系。

第一次展示　感官展示

材料：分数小人。

方法：

① 把第一个分数小人放在工作毯上，从上往下边触摸边说“这是一个分数小人”。
② 把第二个分数小人放在第一个下方，同样边触摸边说“这也是一个分数小人，它可以分成两部分”，边说边将分数小人分开，然后用中指触摸分开的截面。
③ 用同样的方法进行第三和第四个小人的练习。最后，将所有的分数小人摆成金字塔形。（图1）

图 1

④ “现在把这四部分合起来，它是一个分数小人”，边说边将四部分合成一个分数小人，并从上至下触摸。用同样的方法进行三部分，说“现在把这三部分合起来，它是一个分数小人”。把两部分合起来，说“现在把这两部分合起来，它是一个分数小人”。触摸1的分数小人，说“这也是一个分数小人”。

⑤ 将合成的小人排列成一竖排。（图2）

⑥ 从第一个分数小人开始，逐一归位在底座上。

图 2

第二次展示　带对照卡的练习

材料：分数小人，对照卡。

方法：

① 将对照卡放在托盘中，放置在工作毯右下方。

② 把第一个分数小人放在工作毯上，从上往下边触摸边说“这是一个分数小人”，拿出对照卡放在小人右边，然后拿起小人翻看底面，对应摆在对照卡上。

③ 把第二个分数小人放在第一个的下方，从上往下边触摸边说“这是一个分数小人，它可以分成两部分”，将分数小人分开。将对照卡放在中间，翻看底面，小人对应摆在对照卡上。（图3）

④ 用同样的方法进行第三和第四个分数小人的练习。（图4）

⑤ 归位时，先归位分数小人，后归位对照卡。

图 3

图 4

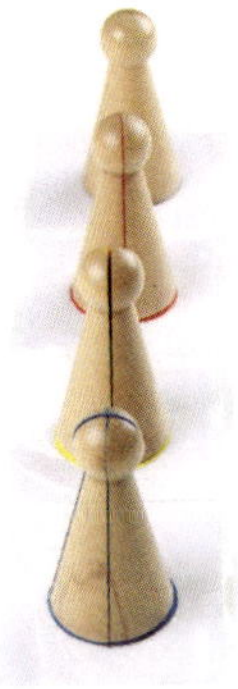

第三次展示　分数小人与数字卡配对

材料：分数小人，数字卡。

方法：

① 把第一个分数小人放在工作毯上，从上往下边触摸边说“这是一个分数小人”，下面配上1的数字卡片，说“这是1”。

② 把第二个分数小人放在第一个下方，从上往下边触摸边说“这也是一个分数小人，可以分成两部分”，然后分开，下面配上二分之一的数字卡片，边放边说“这是二分之一，这也是二分之一”。

③ 用同样的方法进行第三和第四个分数小人的练习，并摆成金字塔形。（图5）

④ 再从第四个分数小人开始合起来，说“把这四部分合起来，是四分之四”。把四分之一的卡收起来，换上四分之四的数字卡，配对摆在分数小人的下面。

⑤ 边说“把三部分合起来，是三分之三”，边把三分之一的卡收起来，换上三分之三的数字卡，配对摆在分数小人的下方。

⑥ 用同样的方法进行第二个、第一个分数小人的练习。（图6）

图 5

图 6

分数板

目的

① 获得分数的感官认识。
② 体验等分的过程。
③ 了解整体与部分的关系。

第一次展示　感官展示

材料：分数板。

方法：

① 先进行第一块分数板的练习。
② 将一等份到五等份的嵌板从分数板上取下，有序摆放在工作毯上，依次分开。（图1）
③ 依次将五等份到一等份的嵌板合起来。（图2）
④ 将等分的嵌板有序归位到分数板上。
⑤ 用同样的方法进行第二块分数板（六到十等份）的练习。

图 1

图 2

第二次展示　带对照卡的练习

材料：分数板，对照卡。

方法：

① 将对照卡放在托盘中，放在工作毯右下方。

② 将第一个分数板放在工作毯上，取出对照卡摆放在工作毯上，拿起分数板翻看底面，对应摆在对照卡上。

③ 取第二个分数板放在工作毯上，依次分开；取出对照卡摆放在工作毯上，拿起嵌板翻看底面，对应摆在对照卡上。（图3）

④ 用同样的方法进行其他分数板的练习。（图4）

⑤ 用同样的方法进行第二块分数板（六到十等份）的练习。

⑥ 归位时，先归位分数板，后归位对照卡。

图 3

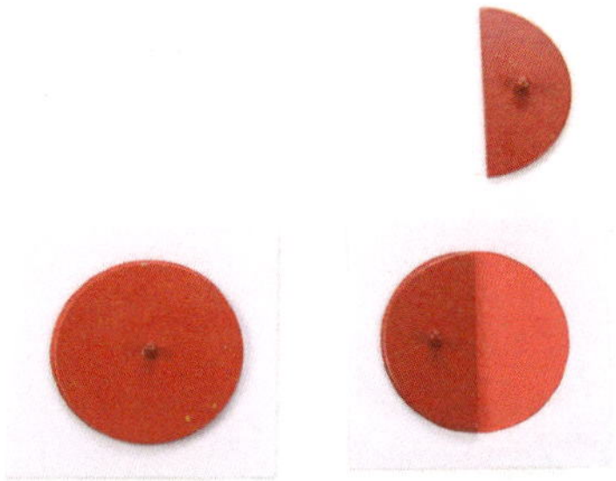

图 4

第三次展示　分数板与数字卡配对

材料：分数板，数字卡。

方法：

① 将第一个分数板放在工作毯中间，下方配上1的数字卡。

② 把第二个分数板放在第一个的下方，依次分开，配对二分之一的数字卡。

③ 用同样的方法进行第三、第四和第五个分数的练习，摆成金字塔形。（图5）

图 5

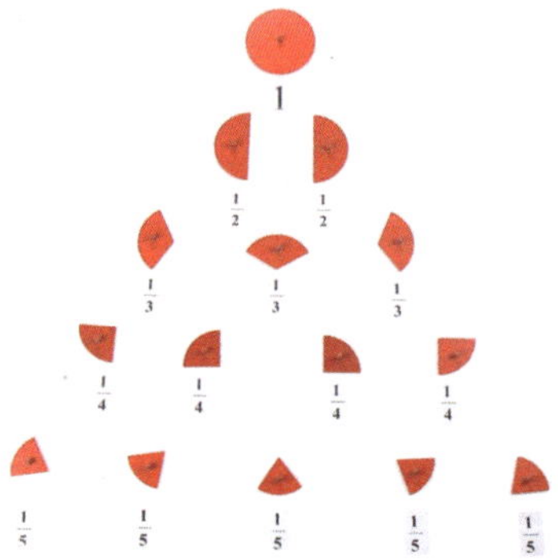

④ 从第五个分数板开始合起来，把五分之一的卡收起来，换上五分之五的数字卡，配对摆在分数板的下方。

⑤ 把第四个分数板合起来，把四分之一的卡收起，换上四分之四的数字卡，配对摆在分数板的下方。

⑥ 用同样的方式进行第三个、第二个、第一个分数板的练习。（图6）

⑦ 用同样的方法进行第二块板（六到十等份）的练习。

⑧ 归位时，先归位分数板，后归位对照卡。

图 6

爱和自由教师工具书

终生财富之
数学逻辑（上）

爱和自由教师成长工作室 编

中国妇女出版社

图书在版编目（CIP）数据

爱和自由教师工具书．终生财富之数学逻辑．上 / 爱和自由教师成长工作室编．-- 北京 ：中国妇女出版社，2021.4

ISBN 978-7-5127-1911-8

Ⅰ．①爱… Ⅱ．①爱… Ⅲ．①数学课－学前教育－教学参考资料 Ⅳ．①G613

中国版本图书馆CIP数据核字（2020）第191104号

爱和自由教师工具书——终生财富之数学逻辑．上

作　　者： 爱和自由教师成长工作室　编
责任编辑： 王　琳
封面设计： 李　甦
责任印制： 王卫东
出版发行： 中国妇女出版社
地　　址： 北京市东城区史家胡同甲24号　　邮政编码：100010
电　　话：（010）65133160（发行部）　　65133161（邮购）
网　　址： www.womenbooks.cn
法律顾问： 北京市道可特律师事务所
经　　销： 各地新华书店
印　　刷： 北京中科印刷有限公司
开　　本： 210×290　1/16
印　　张： 3.75
字　　数： 68千字
版　　次： 2021年4月第1版
印　　次： 2021年4月第1次
书　　号： ISBN 978-7-5127-1911-8
定　　价： 168.00元（全4册）

为了儿童数学心智的开发

文 / 柏商

蒙特梭利教具（又称蒙特梭利儿童工作材料），是世界儿童教育史上伟大的教育家蒙特梭利专门为儿童的发展设计的。

蒙特梭利教具中蕴含着现代心理学、教育学、认识发生学、哲学和数学的原理和内容。

例如，教具中表达了、浓缩了和为儿童快捷发展应用了下列原理和原则：差别导致存在，同一导致抽象，抽象导致概念，概念潜入语词，感觉导致经验，经验导致认知，反复练习导致逻辑，感觉和逻辑为存在之深基。

又例如，其中日常生活教具构成了一个完整的、为着肉体化的生活动作集，并包含着动作的逻辑。

再例如，数学教具维象地构成了一个完备的、一致的形式系统，其中数的生成从原理变为定理。

教学目的

① 实施儿童期最重要的也是核心的感觉教育，训练、发展和完善儿童的感官，形成正确、准确、细致的也是人的最重要方面的感觉，并为正确的、深刻的、理智的生成做准备。

② 形成和内化高雅的动作规范，为培养高雅文明的动态打下基础。

③ 培养建立高度专注的能力，以形成科学家型的品质，为认识的深入能力打下基础。

④ 建立完整、科学的内在逻辑，为后来学习知识打下基础。

⑤ 建立正确、准确的数概念，为后来取得优秀的数学成绩打下基础。

使用条件

【软环境】

① 儿童得到充分的爱，已把注意力转到内心发展上。

② 儿童得到充分的自由，可以按内心的指令选择教具。

③ 儿童在操作中不受打扰，可以专注工作 1 小时以上。

④ 有合格的蒙特梭利教师，能和儿童建立信任和交流，能按儿童敏感期和认知状况进行指导。

⑤ 有和谐、友爱、安全的儿童群体操作环境，儿童已建立内心相关的秩序。

【硬环境】

① 工作毯，为儿童设置一个独立的又同外界联系的空间，也为儿童设置一段有开始又有结束的完整又独立的时间。

② 教具架，为儿童设置一个教具“书架”。

③ 教室及内部其他相关设备，为儿童设置一个温馨的“家”。

使用方法

① 塞根教学法，也称三段式名称练习。

② 敏感时引入，必须判断、识别、捕捉儿童的数学心智启动敏感时刻。

③ 无兴趣时引出，必须准确判断、果断引出。

④ 自动控制错误。

⑤ 自己总结规律。

⑥ 自我形成概念，准确、简练、科学。

1

蒙特梭利数学教具是为启导儿童数学心智而设计的。

数学由古发展至今，已经成为一座完美的大厦。数学的前导性、逻辑性、一致性、完备性、抽象性、精确性、深奥性、无限性、多样性，使得在科学中、科技前沿，人们必须通过数学去发现、去证明、去预见。从狭义角度看，没有数学基础，就没有现代科学和技术；从广义角度看，数学中包含世界。包含世界，在更深的意义上是我们这个世界的构造者和解释者，甚至就是世界本身。

例如，数学引发一个关于世界的断言：“这个世界是数学形式中无限可能性中的一个。”那是哪一个呢？为什么是这一个而不是另一个呢？另一个世界存在吗？如果存在，又在哪里呢？无限可能的世界，哪些会是现实的呢？

2

蒙特梭利数学教具涵盖儿童的数学心智的发生与前期发展，它对应着数学本身的逻辑发生和认识论发生。

现代辉煌的数学大厦的起点，就是自然数集：0，1，2，3，4，5……

那么自然数从哪里来的呢？数学没有说，数学也没有问。它是作为既定的、现成的存在被看待、采用，并作为出发点的。

我们发现在儿童心智发生里，有着自然数发生的秘密。

蒙特梭利数学教具就包含并将揭示和演示这个秘密。

所以，关于蒙特梭利数学教具及其和儿童心智相照的理论，可以作为现代数学大厦的发生学基础而存在。

3

人类的认知发生，就是儿童的认知活动。

儿童的认知发生与发展，在数学这一方面，天然地与数学的历史起点、数学的逻辑起点相应。那就是认知和逻辑的一致。

有差别才有感知。差别是认知的第一要素。黑格尔说："在纯粹的光明中和在纯粹的黑暗中一样，什么也看不见。" 认知就是创建千千万万种差别并感知它们。

差别的序列化是最精准的认知方式，例如灰度条、七彩色条，例如数列，例如音阶。

蒙特梭利教学应用这个原理，给出各种差别序列，并让儿童从这些差别中认知对象。例如圆柱序列、棕色阶梯序列、粉红塔序列、长棒长方序列、纺锤圆棒序列、数棒序列，这些不同形状的差别，以及差别组建的序列，可用来认知物体、空间、形状、空间维度。

数学是逻辑的。我们有了数学，既可以通过逻辑去学习和构造数学，也可以通过数学去读取描述逻辑。蒙特梭利教具的教学过程可组建逻辑链条，和儿童心智中正在发生的逻辑结构相匹配，帮助形成儿童的智能。例如，从长棒到数棒，构造和引入单位1；从数棒序列，构造和引入从1到多；从数棒到纺锤棒箱，引发集合概念。

集合概念是数学的基础。蒙特梭利教具用多种方式引入和加强集合概念。从数棒的整体集合到纺锤棒的分体有分界集合，到筹码这样的分体无分界集合，到数珠这种既分散又整体的集合……加减法教学通过教具，直观到新集合的组建。

4

抽象是思维的标志，发生抽象是思维正在发生的标志。

抽象是在序列中发生的。例如把各种各样的狗放在一起，就会产生抽象并产生"狗"的概念。如果再把狗、猫、兔……放在一起，就会产生新的抽象，产生"动物"的概念。蒙特梭利教具反复应用这个原理，设置各种序列的情景，触发抽象思维。这些序列有圆柱体、棕色阶梯、粉红塔、长棒……几乎所有教具。

蒙特梭利教具开启和展现了具象到抽象这一过程：通过圆柱体插座的圆柱体大小序列，感知物体、物体占据空间、不被占据的空间、空间感知到空间概念。

5

自然数，是数学心智的出发点，也是数学的出发点。

在数学中，用0，1，后继三个概念构建自然数。

蒙特梭利教具别具心裁地设计数字0、设计1，后继概念也天然地导入。

蒙特梭利教具第一次清晰地从空间感觉、空间表象和空间抽象演绎出自然数。这意味着自然数的本质和起源。

我们看到了，同形的差别：单与多。

数棒使思维跃迁产生自然数1：与单位1的差一个单位1：2；与2的差一个单位1：3。数棒也就是那个自然数列：1，2，3，4，5……

6

符号、指称、命名，这三个概念，作为人类本质的核心，是20世纪人类思想的关注重点。蒙特梭利教学通过塞根教学法，通过教具教学，简洁、清晰地反复操作和演练着这个认知过程，使它基本化、形式化、肉体化。

例如，砂纸数字卡与数棒配对，蕴含着符号、意义、指称与命名。

在幼儿认知中，发生着触觉到视听的过渡，蒙特梭利教具也利用、刻画了这个事实。砂纸数字卡既是符号，也是触觉和视觉的统合。

计数和记数，也巧妙地出现在蒙特梭利教具与教学中。塞根板设计记数与进位，学习二位数记数法。

7

蒙特梭利数学教学法不仅对于儿童数学心智的启迪、开发与发展有重要意义，它也当是数学认识史上的事件。

目录

Contents

Part1

10 以内的计数

Part2

线性数数

Part3

十进位系统

作　者：爱和自由教师成长工作室

孙瑞雪教育机构是以教育家孙瑞雪、安长喜所带领的一群幼儿教育专家共同组织、搭建的幼儿教育平台。该平台一直致力于研究和实践并行地推进中国幼儿教育发展事业，在北京、深圳、上海、广州、宁夏建立了教学实践基地，并在教学基地内成立了爱和自由教师成长工作室，至今已经开展了25年的教师职业培训，为儿童教育事业输出了大量优秀的幼儿教师、小学教师、儿童教育讲师。

编委团：薛　梅　梁永玉　田静娴

插图示范：吕冰清　匡雪田　姚泓名　揭妮敷李

摄　影：吴　烨　杨志婷

Part

1

10 以内的计数

数棒

目的

① 学习自然数1～10的顺序。
② 学习1～10数名与数量的联合。
③ 建立清晰的数的绝对与相对的概念。

第一次展示　感官展示

材料：数棒。

方法：

① 选择2张工作毯。
② 将数棒按1到10的顺序依次取下，散放在工作毯上。
③ 取数棒10，用食指和中指，从左到右依次轻缓触摸（手指不超越数棒的外侧边缘），摆放在工作毯左上方。（图1）
④ 用同样的方法从9到1依次轻缓触摸，左端对齐，并按顺序排列在数棒10的下方。（图2）
⑤ 归位时从最长的数棒开始依次进行。

图 1

图 2

第二次展示　1～10的顺序、数名与数量的联合

材料：数棒。

方法：

① 选择2张工作毯。

② 将数棒取下，散放在工作毯的下半部分。

③ 取1的数棒触摸，说“1，这是1”，建立“1”的数名，并放置在工作毯左上方。

④ 取2的数棒轻缓并连续触摸，说“1，2，这是2”，建立“2”的数名，左端对齐，放在1的下面。

⑤ 用同样的方法依次触摸3～10，建立相应的数名。（图3、图4）

图3

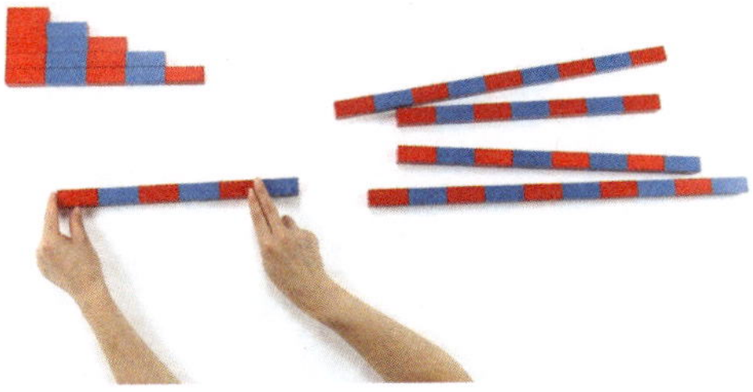

图4

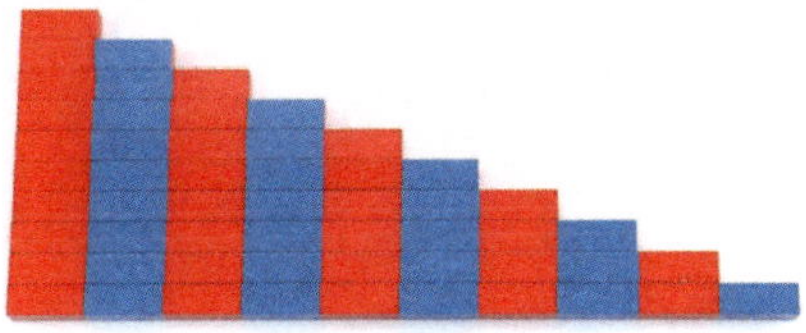

第三次展示　数棒的三段式名称练习

材料：数棒。

方法：

① 将数棒按10到1顺序摆放在工作毯上。（图5）

② 取1触摸，说“1，这是1”，请幼儿触摸。

③ 取2触摸，说“1，2，这是2”，请幼儿触摸。

④ 取3触摸，说“1，2，3，这是3”，请幼儿触摸。

⑤ 对幼儿说：“请你给我1，把1归位；请你给我2，把2归位；请你给我3，把3归位。”（图6）

⑥ 指数棒“1”，问幼儿：“这是几？”回答：“这是1。”指数棒“2”问：“这是几？”回答：“这是2。”指数棒“3”问：“这是几？”回答：“这是3。”

⑦ 用同样的方法进行4、5、6（一组），7、8、9、10（一组）的练习。

图 5

图 6

第四次展示　蒙眼摸数棒

材料：数棒，眼罩。

方法：

① 将数棒按10到1的顺序摆放在工作毯上。

② 教师展示并向幼儿介绍眼罩，邀请幼儿戴上眼罩（或闭上眼睛）。

③ 教师按1～10的顺序依次将数棒递给幼儿，请他触摸，感觉数棒的量，并说出数名（图7、图8）。

图7

图8

第五次展示　数棒与作业纸

材料：数棒，作业纸，垫板，红色和蓝色的彩色铅笔各一支。

方法：

① 将数棒按10到1的顺序摆放在工作毯上。

② 取出作业纸和彩色铅笔。

③ 用红色铅笔指数棒1，再指作业纸1的位置，示范握笔的方法，在作业纸上配对涂色。

④ 用红色铅笔指数棒2的红色部分，再指作业纸2的位置，配对涂色；用蓝色铅笔指数棒2的蓝色部分，再指作业纸2的位置，配对涂色。

⑤ 用同样的方法依次进行，直到把作业纸涂满。（图9）

图 9

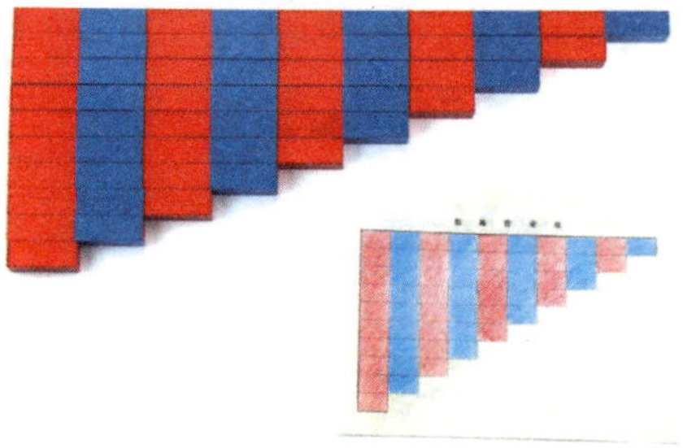

注意事项

① 触摸时两指不超过数棒的上边缘，一直摸到末端，并且中间不能停顿，需连续。

② 拿数棒时一定要拿两端，让幼儿感觉数棒由短变长的感觉。

③ 排列时起头开始的1，一定都是红色的。

④ 取数棒时先取1，归位时先归位10。

⑤ 三段式学习法在后面的内容中不再具体描述，只用“三段式名称练习”代替，请务必留心。

砂纸数字卡

目的

① 认识0～10的数字。
② 学习1～10的数字与数名的联合关系。
③ 认识0～10的数字与数量的关系。
④ 通过触摸笔顺，认识数字的形状，为书写做准备。

第一次展示　1～9的认识

材料：0～9的砂纸数字卡。

方法：

① 取出3块数字卡（1，2，3），按顺序反扣在工作毯上。
② 将1翻正，食指（或食指与中指）缓慢触摸并读“1，这是1”，请幼儿触摸。同样的方法练习2和3，并将它们有序竖向排列在工作毯的左上方。
③ 教师分别指读“1，2，3”，请幼儿分别找1个东西，2个一样的东西，3个一样的东西，然后配对摆放。（图1）

图1

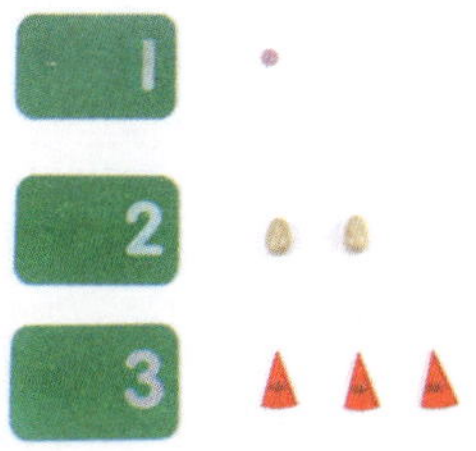

④ 教师分别指问幼儿："这是几个？这是几个？"
⑤ 教师请幼儿归位："请你将1个东西归位。""请你将2个一样的东西归位。""请你将3个一样的东西归位。"
⑥ 用同样的方法进行4～6（一组）、7～9（一组）的练习。（图2）

图2

注意事项

① 可以分几次展示，但每次都是3个数为一组。
② 一个数本身代表一群同质的单位，因此在让幼儿取一个数的量时，必须强调"一样的"。

第二次展示　0 的教学

目的

让幼儿了解"0就是没有"的概念。

材料：0～9的砂纸数字卡。

方法：

① 取出1、2、0的砂纸数字卡，按顺序反扣在工作毯上。
② 将1翻正，食指（或食指和中指）缓慢触摸并读"1，这是1"，请幼儿触摸。用同样的方法练习2和0，并将它们有序竖向排列在工作毯的左上方。
③ 教师指读"1"，请幼儿找1个东西，然后配对摆放。
④ 教师指读"2"，请幼儿找2个一样的东西，然后配对摆放。
⑤ 教师指读"0"，并请幼儿去找0个东西。
⑥ 教师建立0的概念："0就是没有。"（图3）

图3

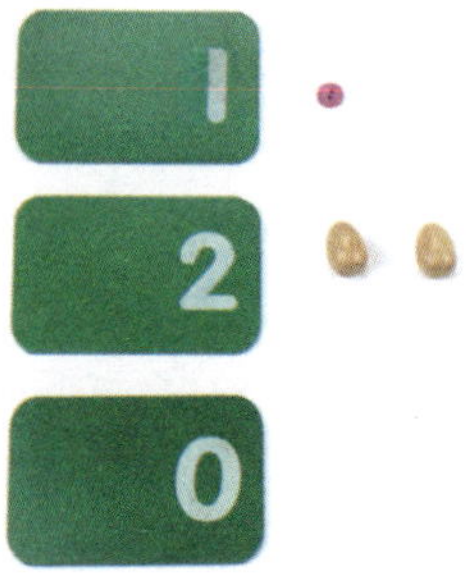

第三次展示　10 的教学

材料：0 ~ 9的砂纸数字卡。

方法：

① 取出砂纸数字卡，按8，9，1，0的顺序反扣在工作毯上。

② 用第一次展示的方法进行8和9的练习，并把它们竖放在工作毯的左上方。

③ 用同样的方法触摸1和0，并介绍“这是1，这是0”，然后将它们对拼在一起，说“这是10”。（图4）

④ 教师分别指读“8，9，10”，请幼儿分别找8个一样的东西、9个一样的东西、10个一样的东西。（图5）

⑤ 进行“8，9，10”的三段式名称练习。

⑥ 归位时，先收量，再收数字卡。

图 4

图 5

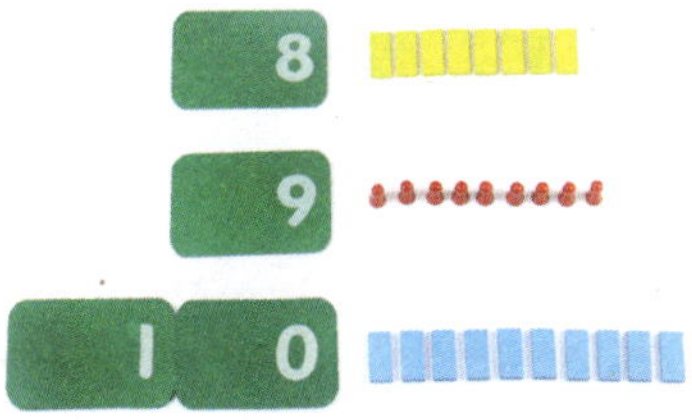

注意事项

将 1 和 0 拼在一起组成 10，容易让孩子产生“10 就是 1+0”这样的错觉，因此要注意让孩子在反复取量时，通过对量的直观感觉，建立 10 的数量、数字、数名的概念。

第四次展示　制作彩色砂纸数字

目的

① 让幼儿通过手工制作的方法来感觉数名、数字。
② 通过练习让幼儿产生成就感。

材料：砂纸数字卡，油画棒，胶水，棉签，彩色沙，小勺子，垫纸，与砂纸数字卡同样大小的白纸。

图 6

方法：

① 铺好垫纸，取出砂纸数字卡1放在垫纸上，并触摸。
② 拿一张与砂纸数字卡同样大小的白纸盖在数字卡上，触摸数字。
③ 用油画棒平涂，待出现数字轮廓后，取下白纸放在垫纸上。（图6）
④ 在数字上涂胶水，均匀撒上彩色沙。
⑤ 约10秒后，将多余的彩色沙倒回小碟子。（图7）
⑥ 用同样的方法制作其他的数字。
⑦ 全部完成后，可以订成数字小书。

图 7

注意事项

制作砂纸数字时需使用垫纸，垫纸能保证环境整洁，并有助于幼儿建立良好的生活秩序。

第五次展示　书写数字

材料：垫板，作业纸，铅笔。

方法：

① 取出垫板、作业纸。

② 教师拿起铅笔，示范握笔的方法。

③ 教师提示起笔(在起笔点停顿)，然后沿轮廓线描写数字。（图8、图9）

图 8

图 9

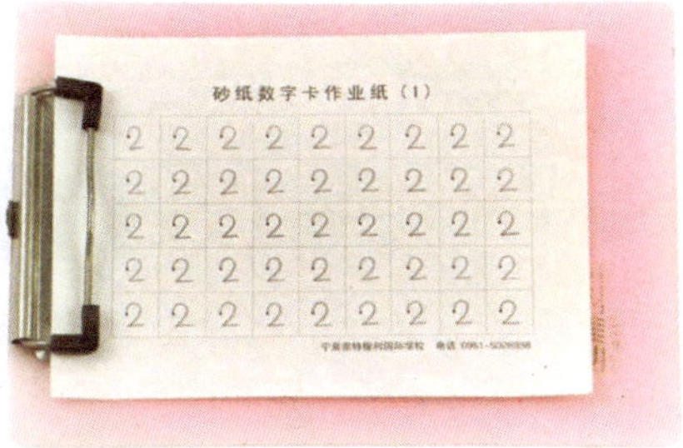

注意事项

① 可以在桌上或工作毯上进行。

② 每个数字的开始都要有一点作为提示笔，让幼儿知道这个数字从哪儿开始写。

③ 刚开始可以使用较粗的彩色铅笔，降低难度，再逐渐过渡到用铅笔，避免给幼儿造成书写的压力。

数棒与数字卡配对

目的

① 了解数量1～10由少变多的顺序关系。
② 了解每个数字的数量意义。
③ 建立数字与数量的联合。
④ 强化练习数字、数名、数量之间的关系。

材料：数棒，1～10的数字卡。

第一次展示　数棒、数字卡都有序

方法：

① 选择2张工作毯，将数棒取下散放在工作毯下方。
② 将数棒按1～10顺序触摸，排列在工作毯左上方，数字卡按1～10顺序排列在工作毯右侧。（图1）
③ 取1的数棒触摸，说"1"，取1的数字卡配对摆放，指读数字"1"。用同样的方法依次进行2～10的练习。（图2）
④ 进行三段式名称练习，问："哪个是1的数棒？哪个是1的数字卡？"指数棒问："这是几？"再指数字卡问："这是几？"
⑤ 结束时，先收数字卡，再收数棒。

图1

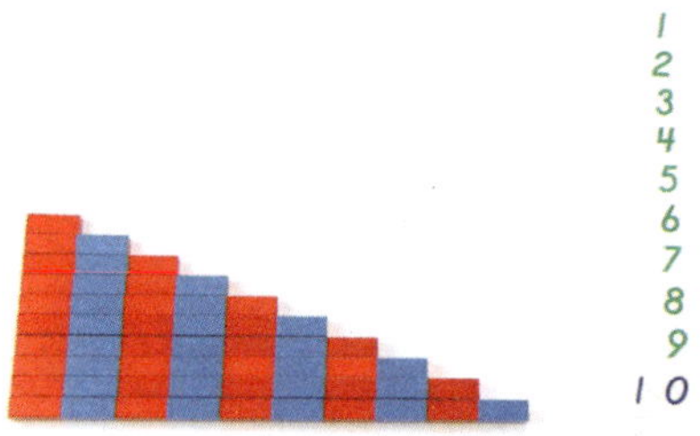

图2

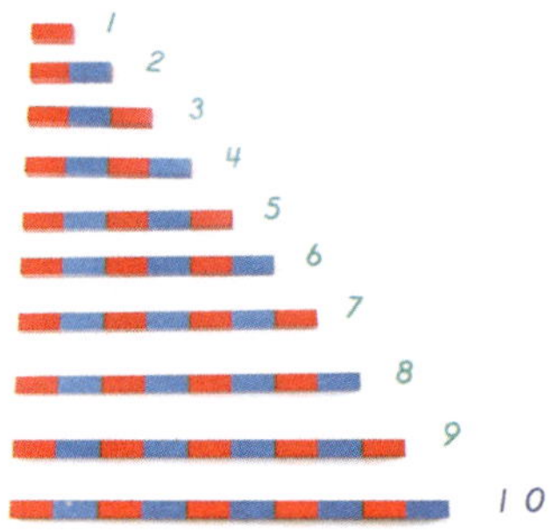

第二次展示　数棒有序，数字卡无序

方法：

① 选择2张工作毯，将数棒按1～10的顺序排列在工作毯左上方，数字卡无序排列在工作毯右侧。

② 取1的数棒触摸，说“1”，请幼儿找出1的数字卡与数棒进行配对。用同样的方法依次进行2～10的练习。（图3）

③ 进行三段式名称练习，方法与第一次展示相同。

④ 结束时，先收数字卡，再收数棒。

图 3

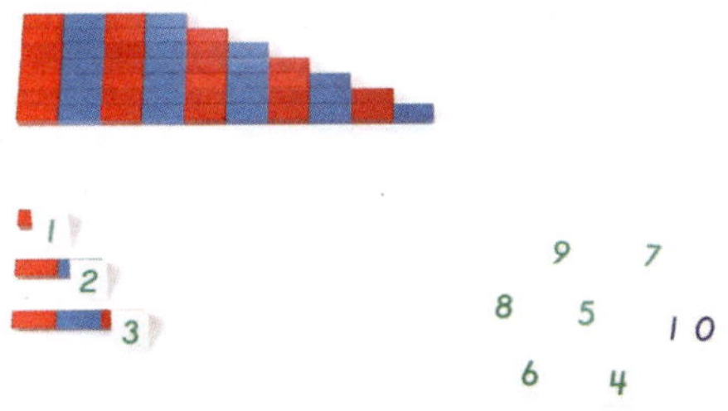

第三次展示　数棒无序，数字卡有序

方法：

① 选择2张工作毯，将数字卡按1～10的顺序排列在工作毯左上方，数棒无序排列在工作毯下方。

② 指1的数字卡，读“1”，请幼儿找出1的数棒与数字卡进行配对。用同样的方法依次进行2～10的练习。（图4）

③ 进行三段式名称练习，方法与第一次展示相同。

④ 结束时，先收数字卡，再收数棒。

图 4

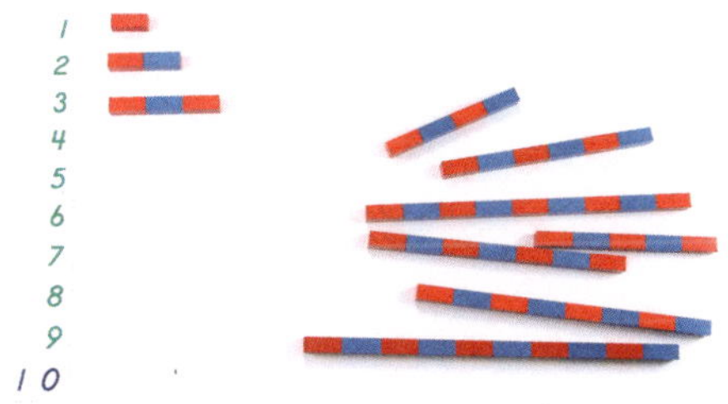

第四次展示　数棒、数字卡都无序

方法：

① 选择2张工作毯，将数棒无序排列在工作毯下方，数字卡无序排列在工作毯右侧。

② 教师随意取出3的数棒，放在左上方，问幼儿："这是几？"幼儿回答："3。""请你找出3的数字卡。"幼儿取出后与数棒配对。

③ 用同样的方法进行其他数的练习。（图5）

④ 进行三段式名称练习，方法与第一次展示相同。

⑤ 结束时，先收数字卡，再收数棒。

图5

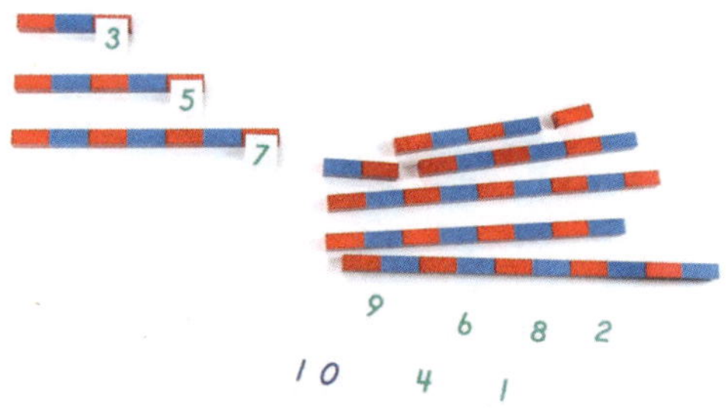

注意事项

第一次排列时，数棒与数棒之间没有间隙；配卡片时，数棒与数棒之间要有间隙，需把数字卡搭在数棒上。

纺锤棒与纺锤棒箱

目的

① 让儿童计数个别、分离的单位，以了解集合数的概念。
② 学习0的概念。
③ 强化数量、数名、数字间的联合关系。

材料：纺锤棒45根，纺锤棒箱（0~9十个分格的木箱）。

方法：

① 将2个纺锤棒箱按0~9的顺序排好，纺锤棒的盒子放在幼儿面前。
② 指格子中的1，读“1”，取1支纺锤棒握住说“1”，然后放进1的格子内，重复说“1”。（图1）
③ 指格子中的2，读“2”，一支一支取纺锤棒并数“1，2”，握住稍停顿，然后一支一支放进2的格子内，重复说“1，2”。
④ 邀请幼儿进行操作，依次进行到9后，问幼儿：“请你观察一下，你发现了什么？”（图2）
⑤ 幼儿指0的格子，回答：“这里没有。”
⑥ 教师说：“是的，0就是没有。”

注意事项

每取一格数，都将纺锤棒全部握于手中，让幼儿感知手中的数量是一个逐渐递增的过程。

图1

图2

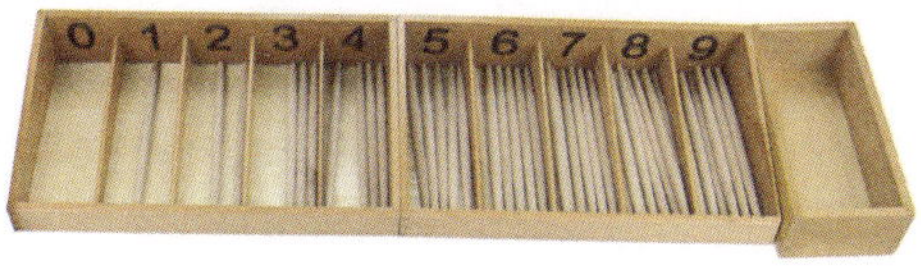

零的游戏

目的

① 强化0的概念。

② 强化数量、数名、数字间的联合关系。

材料：45个木制鸟蛋，0～9的数字卡，盘子或篮子（用于装鸟蛋和数字卡）。

第一次展示　个体教学

图 1

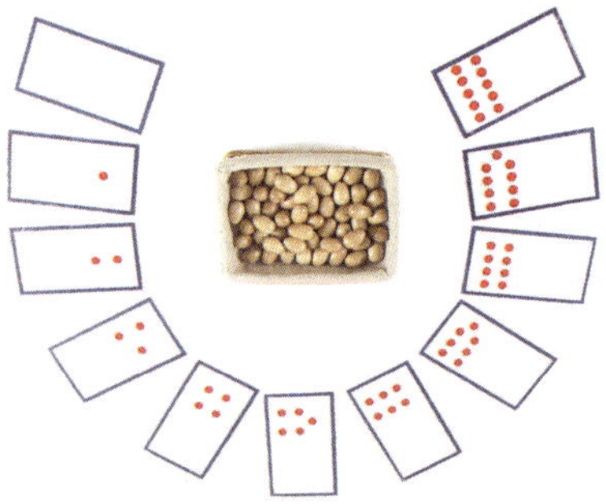

图 2

方法：

① 将45个鸟蛋放进一个小篮子中，另将数字卡反面围绕小篮子排开。（图1）

② 请幼儿抽取一张数字卡（教师要有意将0的数字卡放在后面）。

③ 问幼儿："这是几？"幼儿回答后再请幼儿取相同数量的鸟蛋，与数字卡配对放在工作毯上。（图2）

④ 用同样的方法进行其他的数字卡练习，剩下0的时候，对幼儿说："请你去取0个鸟蛋。"幼儿回答："没有了。"教师说："是的，0就是没有。"

第二次展示　　小组练习

方法：

① 请幼儿围坐成圆圈。

② 将45个鸟蛋放进一个小篮子中，将数字卡折好放入另一个小篮子中。

③ 请每一个幼儿抽取一张数字卡片。

④ 让幼儿注意看自己持有的卡片上的数字（提示幼儿不要让别人看到自己的数字卡）。

⑤ 依次序（第一次由教师指定，目的在于使取到“0”卡片的幼儿最后取蛋）按照自己卡片数目取蛋，放在自己的前面。（图3）

⑥ 持有“0”卡片的幼儿无法取到篮中的蛋。

⑦ 教师请幼儿念出自己卡片的数字，此时将卡片数字让其他幼儿看，并数一数自己所取的蛋。

⑧ 教师问每一个幼儿：“为什么××小朋友没有取到蛋呢？”请幼儿回答，强化概念“0就是没有”。

图3

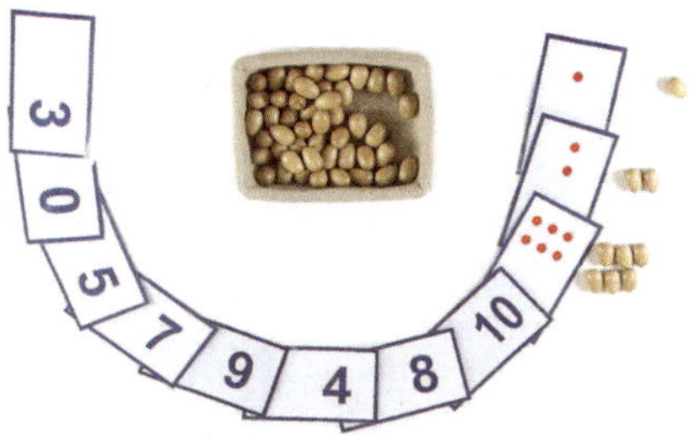

注意事项

① 活动前幼儿必须认得0～9的数字，已掌握数字、数量的联合关系，已建立“0就是没有”的概念。

② 将数字卡对折后放入篮中，不能让幼儿看到数字。

③ 参与人数可以是10个，也可以是几个，灵活应用。

数字卡与筹码

目的

① 温习1～10的数字。
② 建立数字与数量间的联合关系。
③ 预备认识奇数与偶数。

第一次展示　带控制卡的练习

材料：1～10的数字卡或数字，1～10的控制卡，55个红色筹码（形状、大小相同）。

方法：

① 取出控制卡1，指读“1”，从盒中找出数字卡1，叠放在控制卡上。（图1）
② 从盒中取1个筹码，说“1”并与控制卡配对，指读“1”。
③ 取出控制卡2，指读“2”，从盒中找出数字卡2，叠放在控制卡上。
④ 从盒中一个一个地取筹码，说“1，2”，并与控制卡配对，指读“2”。
⑤ 依次进行3～10的练习，筹码每次都从1数起。（图2）
⑥ 让幼儿有充分练习的机会。

图 1

图 2

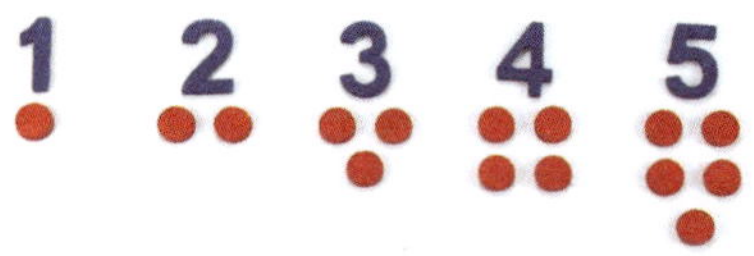

第二次展示　不带控制卡的练习

材料：1～10的数字卡（或数字），55个红色筹码（形状、大小相同）。

方法：

① 取出数字卡1，指读“1”，按照控制卡的形式放一个筹码。

② 取出数字卡2，指读“2”，按控制卡的形式摆放2个筹码，边摆边读“1，2”。

③ 依次进行3～10的练习。（图3）

④ 用食指从1的筹码中间划过，并说：“划不开，能划开，划不开……”依次进行到10。（图4）

⑤ 问幼儿：“请告诉老师，哪些能划开？”回答：“2，4，6，8，10。”“哪些划不开？”回答：“1，3，5，7，9。”

图3

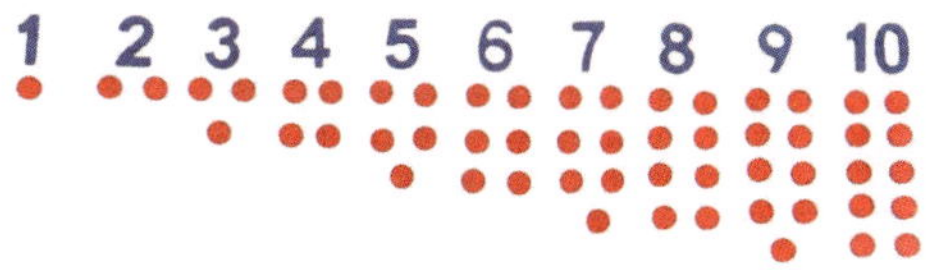

图4

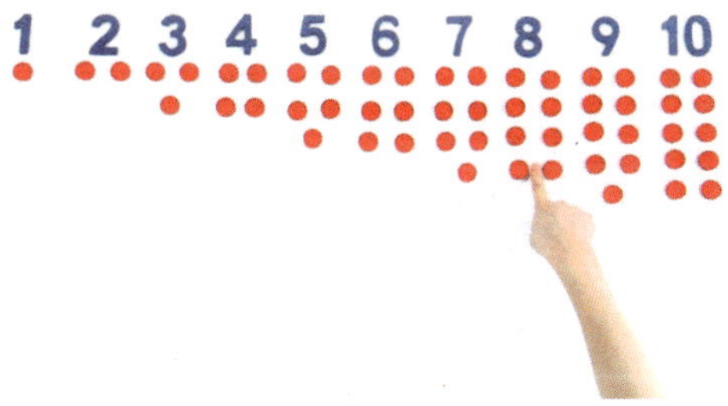

第三次展示　作业纸的练习

材料：1～10的数字卡，55个红色筹码（形状、大小相同），作业纸，垫板，红色铅笔，铅笔。

方法：

① 把数字卡和筹码按第二次展示的方式摆放好。

② 取出铅笔，指1的数字，再指作业纸上1的数字对应的位置，把数字写在作业纸的方格内。

③ 取出红色铅笔，指1的筹码，再指作业纸上1的筹码对应的位置，将筹码的图形涂上颜色。

④ 用同样的方法进行2～10的练习。（图5）

图5

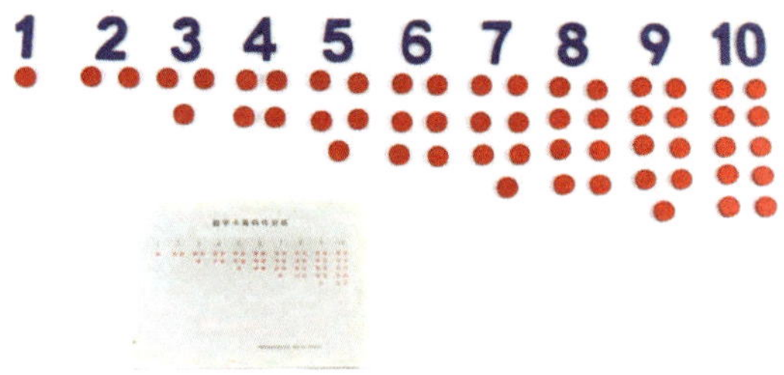

注意事项

① 筹码排列的方式是为幼儿未来学习奇偶数做准备的。筹码的摆放是一对对地排列，如果余下一个，就放在同上面对应的两个筹码的中间。如此，奇偶数的差异就自然显露出来，最后一排为单个筹码的是奇数，为一对的是偶数。

② 55个筹码是控制错误的方法，在工作前必须准备数量正确的筹码。

③ 发现奇数、偶数的内在逻辑即可，但不必把奇数、偶数的概念教给幼儿。

彩色串珠组

目的

① 强化数量与数名之间的联合关系。
② 强化数量（集合数）的概念。
③ 凭视觉记忆数量。

第一次展示　彩色串珠

材料：1～10的彩色珠，桥（图1），垫布。

图 1

图 2

方法：

① 取出垫布平铺于工作毯上。
② 将1～10的彩色珠散放在垫布上。
③ 拿出1的彩色珠，指着说："1，这是1个珠。"
④ 拿出2的彩色珠，用桥数"1、2"，说："这是2个珠。"
⑤ 用同样的方法进行3～10的练习。
⑥ 从1个彩色珠介绍到10个彩色珠后，教师可拿出（任意）一种珠问幼儿："这是多少个？"当幼儿能正确回答时，表明其已掌握了数名、数量的联合关系。（图2）

第二次展示　彩色串珠梯

方法：

① 取出垫布平铺于工作毯上。

② 将1～10的彩色珠散放在垫布上。

③ 取1个珠，指1说“1”。

④ 取2个珠，用桥数“1、2”。（图3）

⑤ 用同样的方法进行3～10的练习。（图4）

图 3

图 4

注意事项

① 有2个珠时再使用桥，数珠时要直接放在1后面数1、2…

② 拿珠子时要拿柄，不要直接拿珠子。

③ 收珠时按1～10的顺序收。

第三次展示　彩色串珠梯与数字卡

材料：1～10的彩色珠，1～10的数字卡，桥，垫布。

方法：

① 取出垫布平铺于工作毯上。

② 将1～10的彩色珠取出，按1～10的顺序排列。

③ 将小数字卡取出散放，取1的彩色珠，说“1”，将1的数字卡配至右边，指读数字卡“1”。（图5）

④ 取2的彩色珠，用桥数，说“1个珠，2个珠”，将2的数字卡配至右边，指读数字卡“2”。

⑤ 用同样的方法进行3～10的练习。（图6）

⑥ 进行三段式名称练习。

⑦ 收时从1开始收，先收数字卡，再收彩色珠。

图5

图6

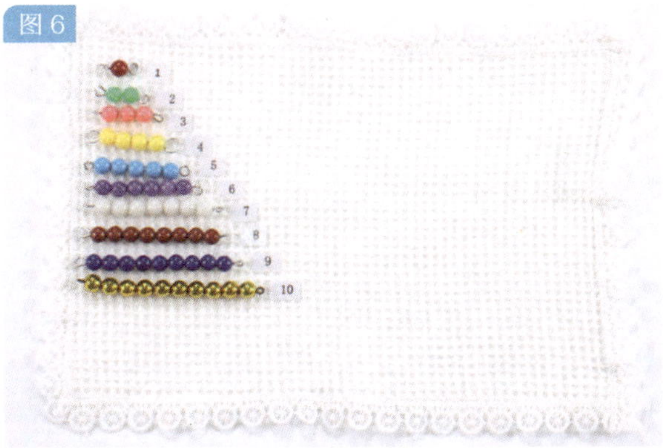

第四次展示　作业纸的练习

目的

① 练习幼儿书写和涂色的能力。

② 训练幼儿准确的判断力和对颜色的辨别力及配对能力。

材料：1～10的彩色珠，1～10的小数字卡，桥，垫布，彩色铅笔，铅笔，作业纸，垫板。

方法：

① 取出垫布平铺于工作毯上。

② 将彩色珠散放于垫布上。

③ 将数字卡按照1～10的顺序排列，彩色珠与数字卡一一配对。

④ 把与彩色珠相同颜色的彩色铅笔配对放至彩色珠旁。

⑤ 取出作业纸，用铅笔指1的数字卡，再指作业纸上1的数字对应的位置，把数字写在作业纸的方格内。

⑥ 用与1颜色相同的彩色铅笔指1的彩色珠，再指作业纸上1的彩色珠对应的位置，将圆圈涂满颜色。（图7）

⑦ 用同样的方法进行2～10的练习。（图8）

⑧ 收时先收笔，再收卡，最后收珠（按1～10的顺序）。

⑨ 可依据幼儿的状态选择不同的作业纸。

注意事项

① 数字卡一定要小，以刚好可以和彩色珠配对为宜。

② 用硬纸卡或纸板来制作数字卡。

③ 书写数字时不能出格。

图 7

图 8

Part

2

线性数数

塞根板第一盒（11 ~ 19的练习）

目的

① 学习11～19的数字顺序。

② 学习二位数11～20数量与数字的联合。

③ 学习11～19的数量的意义。

④ 帮助儿童克服了解十进位概念带来的困难。

材料：塞根板第一盒，1～9的数字卡，1～9的彩色珠，桥，9根金色珠。

方法：

① 将2块塞根板取出竖放。

② 将1～9的彩色珠和数字卡散放。

③ 取1的彩色珠说“1”，将1的彩色珠横放于工作毯上方，在下面配上1的数字卡。取2的彩色珠，用桥边数边读“1、2”，并横放于工作毯上方，在下面配上2的数字卡。用同样的方法进行3～9的练习。（图1）

④ 取金色珠，边数边说“1、2、3…10，这是10”，放在塞根板第一个10的旁边，指塞根板上的数字读“10”。（图2）

⑤ 取1的彩色珠放在10的金色珠的后面，用桥滑数“10、11”，然后再将1的数字卡塞进塞根板，指读数字“11”。

⑥ 用同样的方法，依次进行12～19的练习。(图3)

⑦ 结束时归位的顺序是：彩色珠—数字卡—金色珠—塞根板（下板—上板）。

图 1

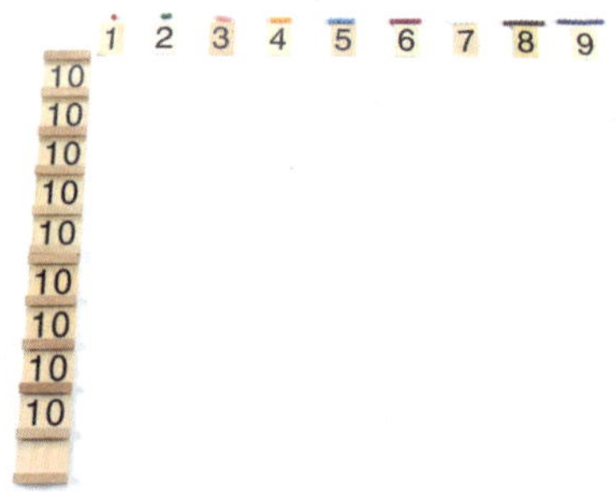

图 2

图 3

塞根板第二盒

第一次展示　以十跳数10～90

目的

① 学习以十跳数10、20、30至90，以及10至99的二位数的练习。

② 学习个位数与十位数的位数概念。

材料：塞根板第二盒，1～9的彩色珠，1～9的数字卡，45根金色珠，桥。

方法：

① 将2块塞根板取出竖向摆放在工作毯的左边。

② 将1～9的彩色珠与1～9的数字卡取出，按顺序配对排列在工作毯的上方。

③ 依照塞根板上的数字指读“10”，取10的金色珠用桥数“1、2、3…10”。

④ 指塞根板上的数字读“20”，取2个10的金色串珠横放在工作毯上，用桥滑数“10、20”，然后把它们放在数字20的旁边。

⑤ 用同样的方法，依次进行到90。（图1）

延伸方法

做22、33、44、55、66、77、88、99的数字、数量配对。（图2）

图1

图2

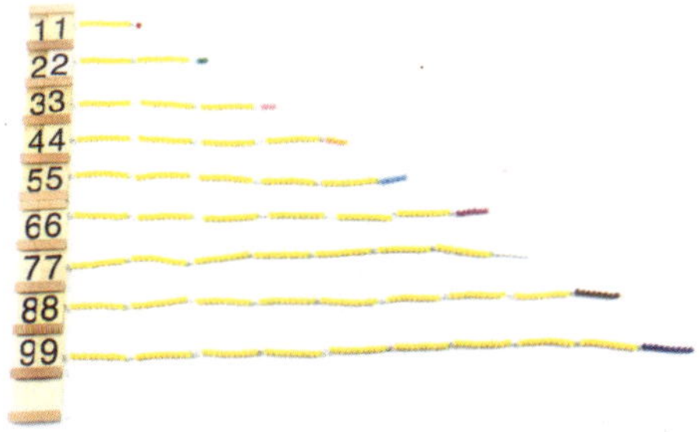

第二次展示　二进位的练习

目的

① 学习以十跳数10、20、30至90，以及10至99的二位数的练习。

② 学习个位数与十位数的位数概念。

材料：塞根板第二盒，1～9的数字卡，1～9的彩色珠，45根金色珠，桥。

方法：

① 取出10～90的2块塞根板，竖放在工作毯左侧。

② 将1～9的彩色珠和1～9的数字卡配对排列在工作毯上方。

③ 取10的金色珠放在塞根板10的旁边，取9的彩色珠放置于10的旁边，用桥滑数，然后再将9的数字卡插进去，读“19”。（图3）

④ 问幼儿：“19的后面是多少？”取1的彩色珠，放到19的后面，取1根10的金色珠放在1和9的下面，问幼儿：“你发现了什么？”回答：“一样的。”把10的金色珠往下移，再把原来10的金色珠往下移，组成20，指读“20”。（图4、图5）

图 3

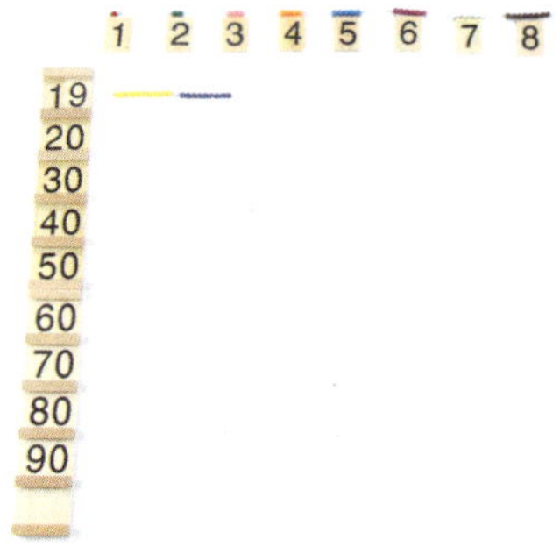

图 4

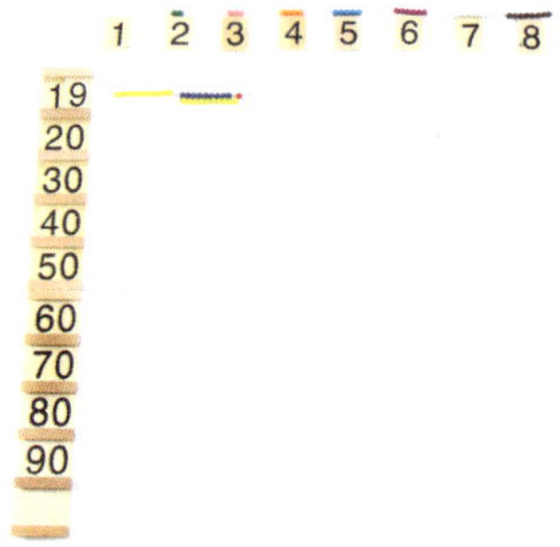

图 5

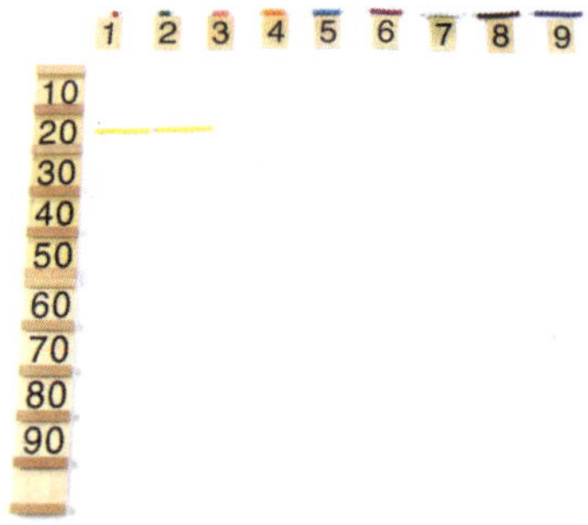

⑤ 把1和9的珠子、数字卡归位。

⑥ 取9的彩色珠，放在20的旁边，用桥数“10、20、21…29”，把9的数字卡塞进塞根板，读“29”。

⑦ 问幼儿：“29的后面是多少？”取1的彩色珠，放到29的后面，取1根10的金色珠放在1和9的下面，问幼儿：“你发现了什么？”回答：“一样的。”把10的金色珠往下移，再把原来的2根10的金色珠往下移，组成30，指读“30”。（图6）

⑧ 用同样的方法进行39～40，49～50…89～90的练习。

图6

第三次展示　十跳数 10 ~ 99

目的

重复练习，灵活使用，检验幼儿的掌握情况。

材料：塞根板第二盒，1 ~ 9的数字卡，1 ~ 9的彩色珠，45根金色珠，桥。

方法：

① 取出10～90的2块塞根板，竖放在工作毯左侧。
② 将1～9的彩色珠和1～9的数字卡配对排列在工作毯上方。
③ 取10的金色珠放在10的塞根板旁，取9的彩色珠放在10的金色珠后面，用桥数“10、11…19”，然后将9的数字卡插进塞根板，组成19，指读“19”，最后归位所有珠，归位数字卡。（图7）
④ 取20的金色珠放在20的塞根板旁，用桥滑数“10、20”，指读“20”。
⑤ 取1的彩色珠放在20的金色珠后面，用桥数“10、20、21”，然后插入1的数字卡，指读“21”。（图8）
⑥ 将1的彩色珠归位，再将1的数字卡归位（20的金色珠不动）。
⑦ 取2的彩色珠放在20的金色珠后面，用桥数“10、20、21、22”，然后插入2的数字卡，指读“22”。
⑧ 将2的彩色珠归位，再将2的数字卡归位（20的金色珠不动）。
⑨ 依此方法练习“23～29”。
⑩ 用同样的方法，进行30～39、40～49、50～59、60～69、70～79、80～89、90～99的练习。

图 7

图 8

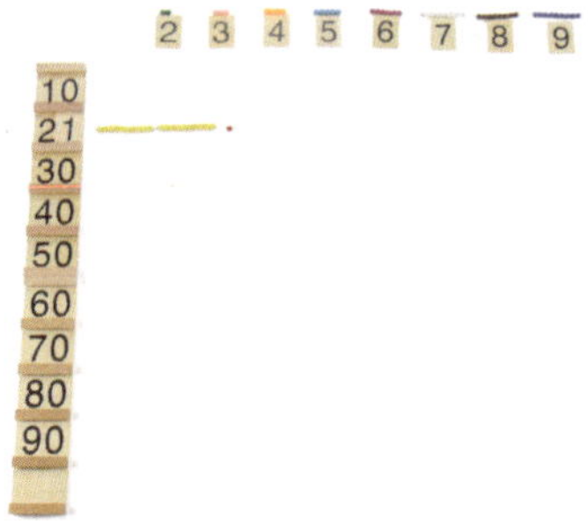

第四次展示　带题卡的练习

材料：塞根板第二盒，1～9的彩色珠，1～9的数字卡，45根金色珠，桥，题卡袋。

方法：

① 取出第二盒塞根板、彩色珠、数字卡，摆放方式与前三次相同。

② 教师拿出题卡袋，请幼儿随意抽出一张题卡。

③ 按题卡上的数字，请幼儿摆放相应数量的珠子，并把数字卡配对插入塞根板中，指读数字，把题卡放在珠子的后面配对。（图9）

④ 用同样的方法进行其他数字的练习。

图 9

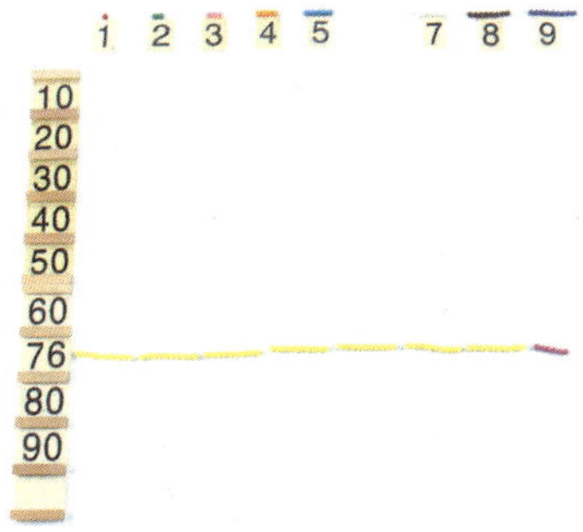

注意事项

题卡可以用两种方式呈现：第一种由整数卡与个数卡组成，如 18 是由 10、8 组成，使用时将个位数放在十位数的个位上；第二种直接组成，如 18、45，幼儿不需要组合。

100的串珠链

目的：

① 熟悉从1到100的连续数，利用此练习有规律地熟记各个数字，导入间隔计数（2、4、6、8、10…）。

② 培养幼儿的专注力与独立能力。

材料：100的串珠链，100的片珠，个位上的绿色指标9枚（1、2…9），十位上的蓝色指标9枚（10、20…90），百位上的红色指标1枚（100），4个装指标的小盒子或小碟子（标有与指标相同颜色的标签），桥。（图1）

方法：

① 将个位、十位、百位的指标摆在工作毯上方。

② 取100的串珠链，左端固定，轻缓拉直。

③ 把100的串珠链折成与100的片珠相同的正方形。（图2）

图 1

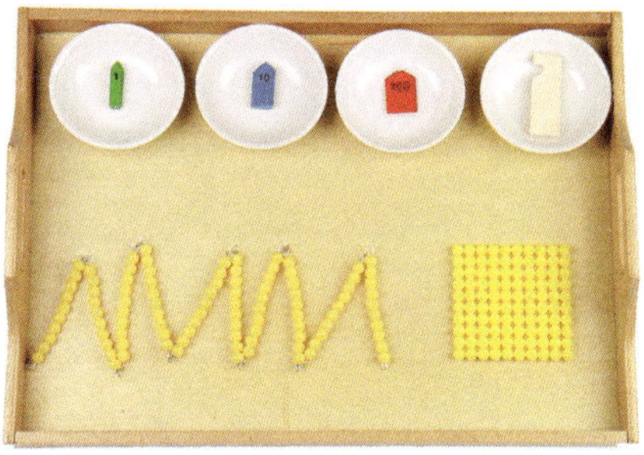

图 2

④ 用100的片珠叠放在折好的串珠链上方与之比对，说：“一样的。”

⑤ 将100的串珠链再次拉直，用桥计数，数“1”，在珠的下面配对1的绿色指标读“1”（注意桥放在金色珠上，不拿走），以此方法进行到9。

⑥ 当数到10时，取10的蓝色指标配对，其后以10为单位滑数，以此方法进行到90。（图3）

⑦ 滑数到100时，放“100”的红色指标。

⑧ 在放红色指标100的同时，在旁边配对一片100的片珠。（图4）

图 3

图 4

连续的数——100板

目的

① 建立幼儿数列的能力，辨别奇数和偶数。
② 发现0～99、1～100的内在逻辑。
③ 书写的预备工作。

第一次展示　有对照板的练习

材料：0～100的数字卡（偶数背面贴有小红圆点），对照板2块（1～100、0～99），练习板。（图1）

方法：

① 将对照板放置在左边，蓝色练习板放置在右边。
② 取1～10的数字卡，散放在练习板下面。
③ 指对照板上的1，读“1”，找到1的数字卡与对照板上的1比对，再将1的数字卡放在练习板相应的位置，依次进行到10。（图2）
④ 10个数字为一组，用同样的方法进行11～20，21～30…91～100的练习。
⑤ 收时从1开始，逐个有序地放入盒子里。
⑥ 0～99的操作方式与1～100的操作方式相同。

图1

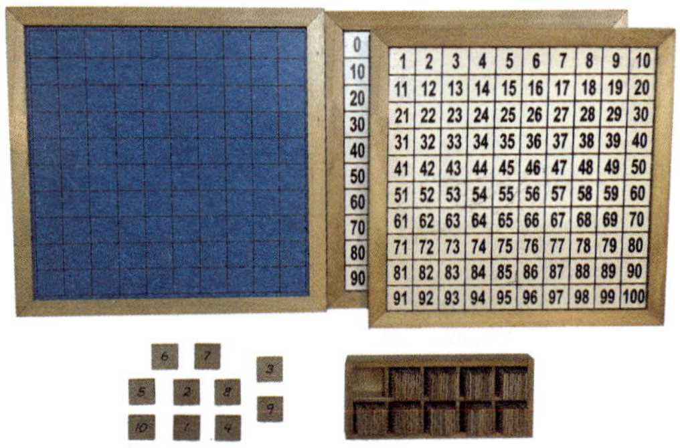

图2

注意事项

① 在操作中，要依据幼儿的认知状态和兴趣，决定每次进行到什么程度。

② 可以和幼儿一起归位，避免幼儿对归位产生压力。

第二次展示　数字排列（没有对照板的练习）

材料：0～100的数字卡（偶数背面贴有小红圆点），练习板。

方法：

① 将蓝色练习板放置于工作毯左边。

② 取1～10的数字卡，按照顺序摆放在练习板下面。

③ 请幼儿将数字卡按顺序摆在练习板上。

④ 10个数字为一组，用同样的方法进行11～20，21～30……91～100练习。（图 3）

⑤ 归位时从1开始收，逐个有序地放入盒子里。

⑥ 0～99的操作方式与1～100的操作方式相同。

图 3

注意事项

使用 0 ～ 99 时把 100 的数字卡收好，使用 1 ～ 100 时把 0 的数字卡收好，以免给儿童造成概念的错误。

第三次展示　作业纸的练习

目的

书写的预备工作。

材料：对照卡，作业纸，垫板，铅笔。

方法：

① 依照对照卡将数字填写在作业纸上。（图4）

② 0～99的操作方式与1～100的操作方式相同。

图 4

第四次展示　奇偶数的练习

目的

认识连续的数的奇偶数规律。

材料：0～100的数字卡（偶数背面贴有小红圆点），练习板。

方法：

① 将1～10的数字卡散放在工作毯上。

② 请幼儿将数字卡按顺序摆在板上。

③ 再取11～20……每次取10个，依次进行完。

④ 从2开始每隔一个翻过来，偶数的背面都有一个小红圆点。（图5）

⑤ 让幼儿自己寻找规律。

⑥ 0～99的操作方式与1～100的操作方式相同（0既不是奇数也不是偶数）。

图 5

Part 3

十进位系统

金色串珠组

第一次展示　十进位的练习

目的

① 让幼儿了解1、10、100、1000的整量之间的关系和十进位的结构。

② 通过对十进位系统的感觉认知过程，培养幼儿逻辑思维能力。

材料：1000的立方珠1个，100的片珠1片，10的串珠1根，1的金色珠1颗，托盘。

方法：

① 将1取出，指读“1，这是1”。

② 取出10，放在1的左边，用1边比对边数“1个1，2个1……10个1，10个1是10”。

③ 取出100，放在10的左边，用10边比对边数“1个10，2个10……10个10，10个10是100”。

④ 取出1000，放在100的左边，用100边比对边数“1个100，2个100……10个100，10个100是1000”。（图1）

图1

⑤ 使用三段式名称练习。

- 这是1，这是10，这是100，这是1000。
- 请你给我1，请你给我10，请你给我100，请你给我1000。（图2）
- 这是几？这是几？这是几？这是几？

⑥ 归位时按1、10、100、1000的顺序归位。

图 2

注意事项

比对时一定要说“1 个 1，2 个 1……10 个 1，10 个 1 是 10”，让儿童清楚地了解 1、10、100、1000 之间量的关系。

第二次展示 金色串珠与数字卡

目的

① 掌握数字与数量、数名的关系。
② 培养幼儿的逻辑思维能力。

材料：1000的立方珠1个，100的片珠1片，10的串珠1根，1的金色珠1颗，数字卡袋（图3）。

方法：

① 取出1的金色珠，指1说“这是1”，请幼儿取1的数字卡与金色珠配对，并指读“1”。
② 取出10的串珠，请幼儿数珠，数完后取10的数字卡与金色珠配对摆放，并指读“10”。
③ 用同样的方法进行100、1000的练习。（图4）
④ 将1的数字卡缓慢叠放在10的数字卡的个位上，再将11叠放在100的数字卡的十位上，将111的数字卡叠放在1000的数字卡的百位上，组成1111。（图5）
⑤ 先指金色珠说“1000、100、10、1”，然后指读数字卡“1111”。
⑥ 指1111的数字卡，问：“这是多少？”
⑦ 教师请幼儿归位数字卡和金色珠。

注意事项

① 放一个位数的珠，放一个卡，体现配对。
② 要意识到归位过程也是认知过程。

图 3

图 4

图 5

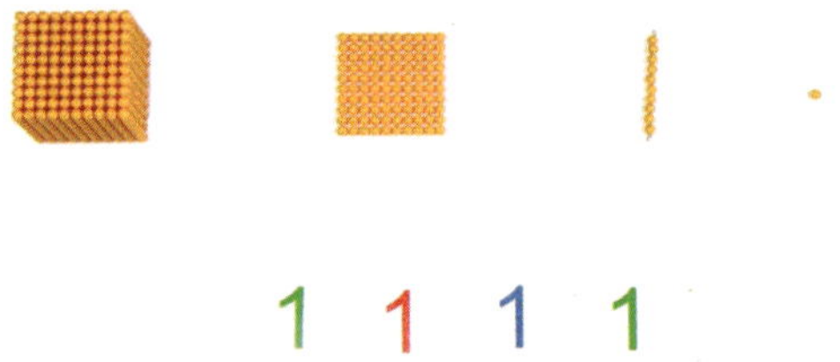

第三次展示　9的危机

目的

① 通过练习，让幼儿了解9～10、90～100、900～1000的进位关系。
② 培养幼儿的逻辑思维能力。

材料：1000的立方珠1个、100的片珠10片，10的串珠10根，1的金色珠10颗。

方法：

① 将9个1的金色珠一个一个摆成竖行，边摆边数"1、2、3…9"。
② 请幼儿去取1个金色珠，然后将1个珠摆在9个珠下面，取10的珠来比较，问："你发现了什么？"回答："一样的。"（图6）
③ 请幼儿归位取来的1个1的金色珠。
④ 过渡到10的串珠，并排摆9个10的串珠，数"10、20、30…90"，请幼儿去取1个10的串珠，然后将1个10的串珠摆在9个10的珠的右边，取100的片珠来比较，问："你发现了什么？"回答："一样的。"（图7）
⑤ 请幼儿归位取来的1个10的串珠。
⑥ 用同样的方法进行900～1000的练习。（图8）
⑦ 归位时从个位开始一个一个地归位。

图6

图7

图8

注意事项

每次取来的1的金色珠、10的串珠、100的片珠，比对完后都要归位。

位数的游戏

目的

练习个、十、百、千的数位。

材料：金色串珠组，彩色串珠组，数字卡袋，托盘。

方法：

① 设立个、十、百、千的数位区。

② 请幼儿取1～9的彩色串珠，教师边摆放边说：“1个珠，2个珠……9个珠。”将1～9的彩色串珠左边对齐依次摆入个位数区内。再请幼儿取1～9的数字卡配对摆在彩色串珠旁。（图1）

③ 用同样的方法进行10～90、100～900、1000～9000的练习。（图2，图3，图4）

④ 归位时先归位珠，再归位卡，从个位开始。

图 1

图 2

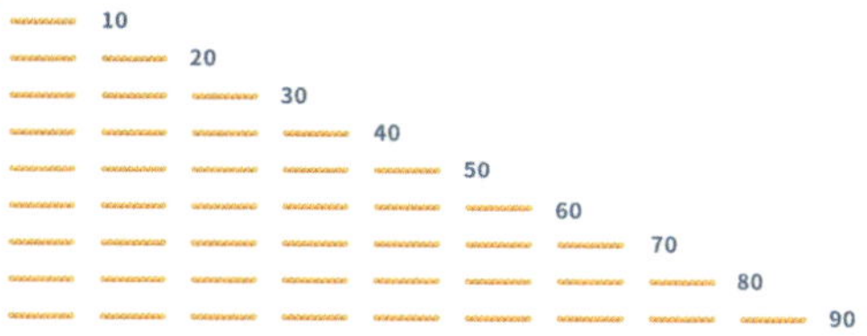

图 3

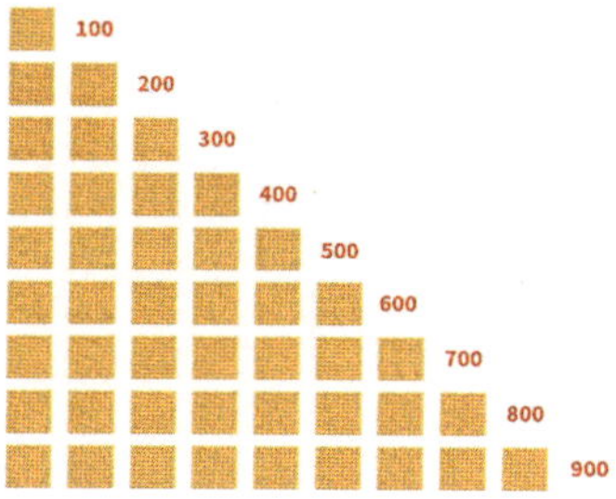

图 4

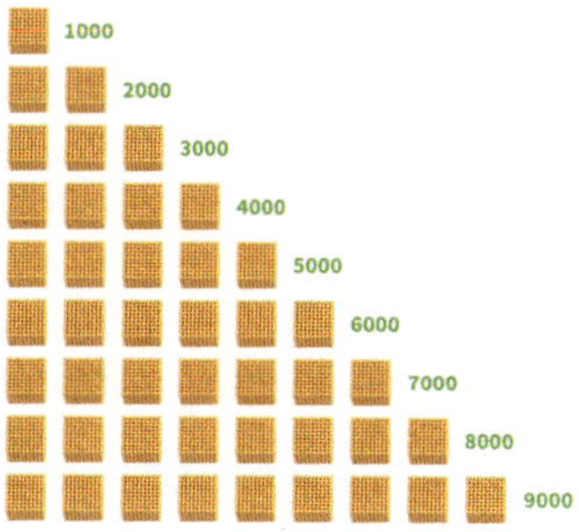

注意事项

① 摆放的时候注意间隔并竖摆。

② 数量和数字卡一定要配对，在幼儿熟练后可以同时取数量和相应的数字卡。

③ 如果有多个幼儿共同参与这个活动，请给每个幼儿取个位、十位、百位、千位的机会，避免幼儿只有机会感觉某位数而失去感觉全部位数的机会。

④ 在方法上可以灵活运用，反复练习。

1000的串珠链

目的

① 加强幼儿对数的认识，熟悉连续的数及其顺序。

② 强化十进法知识。

材料：1000的串珠链1条，1000的立方珠1个，100的串珠链1条，100的片珠10片，个位上的绿色指标9枚（1、2…9），十位上的蓝色指标9枚（10、20…90），百位上的红色指标9枚（100、200…900），千位上的绿色指标1枚（1000），9条长约10厘米的缎带，4个装指标的小盒子或小碟子（标有与指标相同颜色的标签），桥。（图1）

图1

图2

方法：

① 取出1000的串珠链，轻缓放在工作毯上。

② 教师拿起1000的串珠链的一端，沿着走廊或房间，把串珠拉直。（图2）

③ 按每一位数的顺序排列指标。方法与100的串珠链的操作方法相同。

④ 用桥从1数起，在串珠下边放对应的指标。

⑤ 1、2…9、10、20、30…90、100，数到100时，桥不动，绑上缎带做记号，旁边放1片100的片珠，并配对100的指标。（图3）

图3

⑥ 数到200时，把100旁边的片珠移过来，另外再加上一片100的片珠代表200，在300～1000的地方和200一样，把前面的片珠移过来再加一片，一直到1000为止。（图4，图5）

⑦ 把1000的立方珠放在10片重叠的片珠旁边并比对，让幼儿了解二者是相同的。

⑧ 对齐100的串珠链与1000的串珠链的一端，让幼儿比较它们的长度，以对两者的差有直观印象。

图 4

图 5

延伸活动

将指标全部取出混合，然后从中任意抽出一张，练习将它放在相应的位置。

数字卷

目的

① 通过此项工作锻炼幼儿的书写能力。
② 进一步掌握十进位系统的数列。

材料：作业纸，垫板，绿色、蓝色、红色的彩色铅笔，剪刀，胶水，回形针。

方法：

① 把作业纸剪好。
② 取出个位数的作业纸，用绿色的彩色铅笔写1～9的数。
③ 取出十位数的作业纸，用蓝色的彩色铅笔写10～90的数。
④ 取出百位数的作业纸，用红色的彩色铅笔写100～900的数。
⑤ 取出千位数的作业纸，用绿色的彩色铅笔写1000～9000的数。
⑥ 把个位数作业纸与十位数作业纸的个位对齐并粘贴，将十位数作业纸与百位数作业纸的十位对齐并粘贴，将百位数作业纸与千位数作业纸的百位对齐并粘贴。（图1）
⑦ 做完后，从千位数作业纸开始，卷成一个卷儿，用回形针别住，数字卷就制作好了。（图2）

注意事项

① 粘贴时一定要个位对个位、十位对十位、百位对百位。
② 笔的颜色不能用错。
③ 在幼儿认识了连续的数后，可进行此操作。

图 1

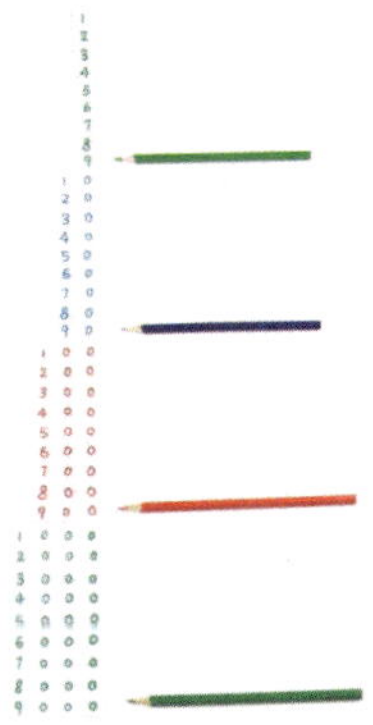

图 2

取数量

第一次展示　不带题卡的练习

目的

① 通过取数量的方法，让幼儿进一步掌握个、十、百、千位的数字、数名、数量的关系。

② 发展幼儿的记忆能力和辨别能力。

材料：金色串珠组，大托盘，小碟子。

方法：

① 教师："我们一起分享取数量的工作。"

② 教师将托盘递给幼儿说："请你取4个1。"

③ 将取来的珠竖行摆放，并说"1个1，2个1，3个1，4个1"，指4个1说"4个1是4"。（图1）

④ 对幼儿说："请你取2个10。"取回后，边摆边说："1个10，2个10。"指2个10说："2个10是20。"

图 1

⑤ 用同样的方法，请幼儿取300、1000。（图2）

⑥ 个、十、百、千全部摆放在工作毯上后，指金色珠说“1324”（1000、300、20、4）。

⑦ 以取珠时的同样方法，请幼儿先归位1000，再归位300，再归位20，最后归位4。

⑧ 用同样的方法进行任何千位数以内的取数量练习。

图 2

注意事项

① 每次练习时一定要数数，让幼儿清晰感觉到某个数是由某几个数组成的。

② 取时从个位开始，归位时从千位开始。

第二次展示　带题卡的练习

目的

① 通过题卡取数量的方法，幼儿进一步掌握个、十、百、千位的数字、数名、数量的关系。

② 发展幼儿的记忆能力和辨别能力。

材料：金色串珠组，大托盘，小碟子，题卡袋，数字卡袋。

方法：

① 请幼儿任意抽出一个题卡，指读“3542”。

② 将题卡放置在前面，对幼儿说：“请你按照题卡上的数字取3542的数珠。”

③ 将取来的珠从个位开始摆在工作毯上，并读：“1，2；10，20，30，40；100，200，300，400，500；1000，2000，3000。”

④ 再请幼儿取3542的数字卡，与珠进行配对，边放边说：“2、40、500、3000。”（图3）

⑤ 将2的数字卡缓慢叠放在40的数字卡的个位上，再将42叠放在500的数字卡的十位上，将542的数字卡叠放在3000的数字卡的百位上，组成3542。（图4）

⑥ 指金色珠读：“3542。”再指数字卡读：“3542。”

⑦ 归位时，先归位数字卡，后归位珠。

图 3

图 4

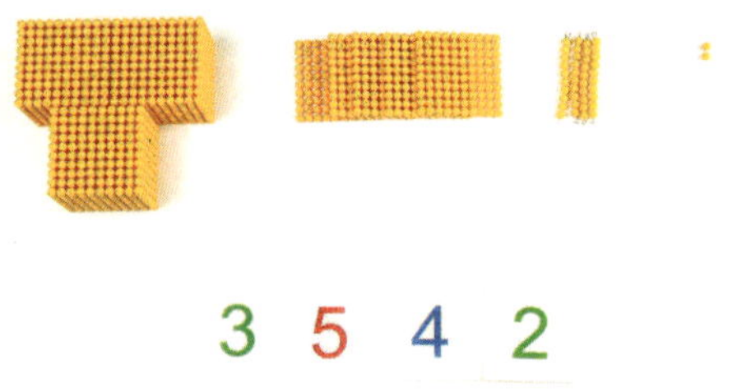

图 5

1111	1230	2324
2222	1340	3446
3333	1560	4557
4444	1780	5671
5555	1890	6784
6666	1900	7898
7777	2917	8969
8888	9999	9367

注意事项

① 题卡上的个位、十位、百位、千位的数字要用不同颜色写。（图5）

② 配置两组题卡，一组题卡（算式）工作时放在工作毯的上方，一组题卡（数字卡）放在托盘中供幼儿取量时用。（后面的章节都遵守这一原则，不再注明。）

爱 和 自 由 教 师 工 具 书

终生财富之
感官智慧

爱和自由教师成长工作室 编

中国妇女出版社

图书在版编目（CIP）数据

爱和自由教师工具书．终生财富之感官智慧 / 爱和自由教师成长工作室编．-- 北京 ：中国妇女出版社，2021.4

ISBN 978-7-5127-1911-8

Ⅰ.①爱… Ⅱ.①爱… Ⅲ.①学前教育－教学参考资料 Ⅳ.①G613

中国版本图书馆CIP数据核字（2020）第191105号

爱和自由教师工具书——终生财富之感官智慧

作　　者：爱和自由教师成长工作室　编
责任编辑：王　琳
封面设计：李　甦
责任印制：王卫东
出版发行：中国妇女出版社
地　　址：北京市东城区史家胡同甲24号　　邮政编码：100010
电　　话：（010）65133160（发行部）　　65133161（邮购）
网　　址：www.womenbooks.cn
法律顾问：北京市道可特律师事务所
经　　销：各地新华书店
印　　刷：北京中科印刷有限公司
开　　本：210×290　1/16
印　　张：4.5
字　　数：81千字
版　　次：2021年4月第1版
印　　次：2021年4月第1次
书　　号：ISBN 978-7-5127-1911-8
定　　价：168.00元（全4册）

感觉教育使生命趋于完整

文 / 孙瑞雪

儿童生命之初就拥有一个完整的感觉系统，0 ~ 3 岁是这个感觉系统的发展期，3 ~ 6 岁是形成期。人类透过生命的头六年形成完善和成熟的感觉系统，而这一系统的发展决定了儿童的智能发展、心理发展，决定了儿童心灵世界和道德的建构。

首先，感觉系统的发展是一个自我的发展——依赖于感官的充分使用，感觉系统不断自我完善。而爱和自由是感觉系统发展的最佳土壤：爱鼓励着儿童信任对自己的感觉，继而不断使用自己的感觉；自由确保了儿童在一切活动中保有自己感觉的方式、感觉到的内容以及如何去面对自己产生的感觉。

其次，感觉是智能发展的基础。人的大脑完全是透过脊椎系统去发展和完成的。透过基本的五感官——视觉、听觉、触觉、味觉、嗅觉，儿童产生了感觉，感觉的重复产生了知觉，经由知觉儿童形成了对事物的认识，形成了概念。概念是人类思维体系中最基本的构筑单位。这是一个从感性上升到理性，从具体的感知中抽象出事物的本质性特点的过程，是儿童认知的历程，也是智能发展的历程。因此，感觉是智能发展的基础。

儿童在透过感觉来认识事物的时候，发展出了精确的心理活动。儿童从感觉，到知觉，再到形成概念，也是儿童心理活动产生的过程。从感觉到知觉，是精准的；从知觉到概念，也是精准的。这种基于感觉而发生的心理活动是人脑对客观事物精确而本质的捕捉，所含括的范围、所触碰的精微都远非“教授”所能及，更不要说替代。而心理上的精准和本质，会使得心灵自由而灵活，这种灵活恰是创造力的来源。

最后，感觉教育是建构道德的最佳途径。感官的训练让儿童的感觉越来越敏锐，有的感觉是对外在世界的，有的感觉则是对内在世界的。这些越来越敏锐的感官产生越来越丰富的感觉，刺激着儿童，使他们发展出了良好的甄别能力、精确能力和协调能力，能够深入地感知到美，能够透过感觉认知心理、情绪、情感、关系等内在的或无形的世界。感觉越微妙、越细腻、越深入，道德感就越缜密。

在爱和自由的教育中，感觉教育所应用的教具是蒙特梭利感官教具。蒙特梭利教具的设计有几个特点：

一是有序性。教具由短到长，由小到大，由浅到深，由光滑到粗糙……各种感觉都是可以形成对比的、有序的。

二是富有美感。教具的造型和色彩本身富有美感。

三是富有层次。从简单到复杂，儿童会逐渐深入、提高，对感觉的要求越来越精细。

四是感觉隔离。每种教具的指向明确而清晰，其要探索的感觉目标集中、单一，儿童完全可以在自由的探索中实现自我教育。

五是错误控制。儿童可以透过体验和观察，自己发现教具操作中的错误，自己找到调整的方法，自我纠错。

我们期望，在陪伴儿童进行感觉训练、发展感官世界的历程中，培养出真正意义上的敏锐的观察者、富有生命力的创造者、良知和善的守卫者，培养趋于完整的生命状态的人。

目录

Contents

Part1 视觉部分

Part2 触觉部分

Part3 听觉部分

Part4 味觉部分

Part5 嗅觉部分

作　者： 爱和自由教师成长工作室

孙瑞雪教育机构是以教育家孙瑞雪、安长喜所带领的一群幼儿教育专家共同组织、搭建的幼儿教育平台。该平台一直致力于研究和实践并行地推进中国幼儿教育发展事业，在北京、深圳、上海、广州、宁夏建立了教学实践基地，并在教学基地内成立了爱和自由教师成长工作室，至今已经开展了25年的教师职业培训，为儿童教育事业输出了大量优秀的幼儿教师、小学教师、儿童教育讲师。

编委团： 薛　梅　梁永玉　田静娴

插图示范： 匡雪田　吴玥瑶

摄　影： 吴　烨　杨志婷

Part 1

视觉部分

圆柱体插座

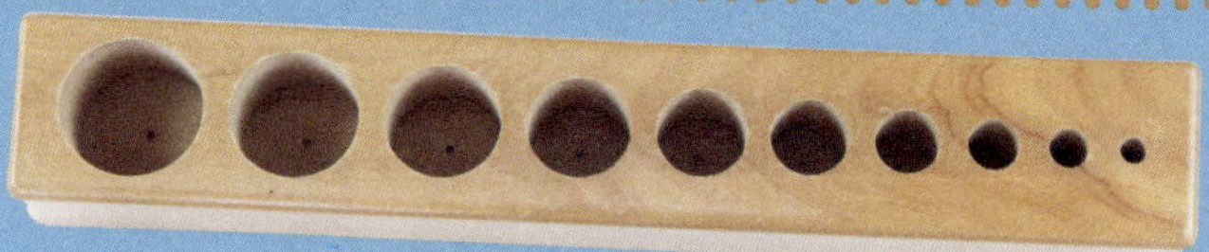

教具介绍：木制圆柱体四组。
第一组：高度相同，直径递减。
第二组：高度与直径同时递减。
第三组：直径相同，高度递减。
第四组：直径递减，高度递增。

直接目的

① 发展视觉辨别粗细、高矮、大小的能力。

间接目的

① 为握笔做准备。
② 培养逻辑—数学能力。
③ 培养敏锐的观察力。

建立概念

第一组：绝对性概念——粗的，细的；
相对性概念——最粗的，最细的。
第二组：绝对性概念——大的，小的；
相对性概念——最大的，最小的。
第三组：绝对性概念——高的，矮的；
相对性概念——最高的，最矮的。
第四组：越来越高，越来越细。

建立概念的方法

① 取出圆柱体插座第一组，放在工作毯上（最粗的一端在左手边）。
② 用三指（大拇指、食指、中指）把圆柱体按从粗到细的顺序依次取出，按顺序摆放在工作毯上，底座放在工作毯右下方。
③ 三段式建立概念。把最粗的和最细的圆柱体放在前面，分别指认说：“这是粗的，这是细的。”问：“哪个是粗的，哪个是细的？”再分别指着粗和细的圆柱体问：“这是什么？这是什么？”
④ 用同样的方法，进行第二组、第三组圆柱体插座的练习。

注意事项

① 每次取圆柱体，都是使用三指（大拇指、食指、中指）进行，这是书写的预备动作。
② 触摸圆柱体和圆穴时都是用同一只手，让其分别感受圆穴和圆柱体不同的空间感觉。

基本提示　第一次展示　配对练习

方法:

① 取出圆柱体插座第一组，放在工作毯上（最粗的一端在左手边）。

② 用三指（大拇指、食指、中指）把圆柱体按照从粗到细的顺序取出，按顺序摆放在工作毯上。（图1）

③ 用右手食指和中指触摸最粗的圆穴，再触摸最粗的圆柱体，与相应的圆穴配对插入，插入后用食指和中指触摸边缘。（图2，图3）

④ 所有的圆柱体都插入圆穴后，教师把圆柱体插座竖放，按从粗到细的顺序，用双手的食指和中指沿着圆柱体的边缘轻缓触摸。（图4）

⑤ 用同样的方法进行其他几组圆柱体插座的练习。

图1

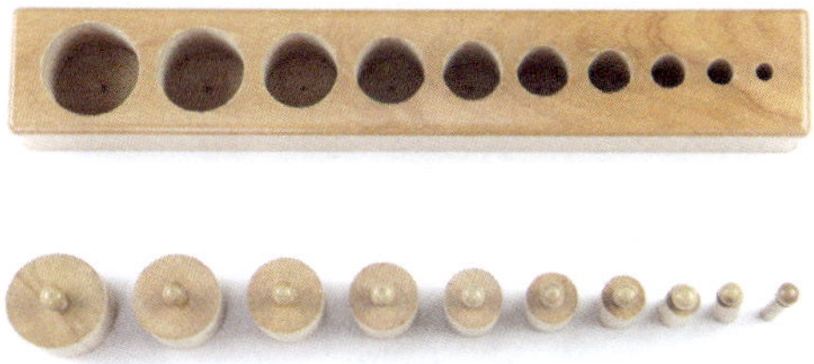

图2

图3

图4

错误控制: 在教具上，每个圆柱体只能嵌进与之相合的圆穴。

基本提示　第二次展示　序列练习

方法：

① 取出圆柱体插座第一组，放在工作毯上（最粗的一端在左手边）。

② 用三指（大拇指、食指、中指）把圆柱体按照从粗到细的顺序取出，依照顺序摆放在工作毯上。

③ 拿起最粗的圆柱体，翻转，底面朝上，与相应的圆穴比对，插入圆穴中。（图5）

④ 用同样的方法把圆柱体按照从粗到细的顺序，插入相应的圆穴中。

⑤ 用同样的方法进行其他几组圆柱体插座的练习。

图 5

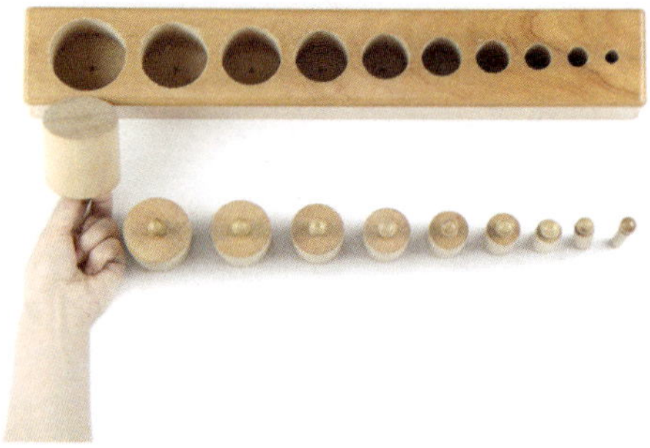

应用提示　第一次展示　有指示棒的练习（有序）

方法：

① 取出圆柱体插座第一组，放在工作毯上（最粗的一端在左手边）。

② 把圆柱体取出，散放在工作毯上。

③ 教师介绍指示棒："这是指示棒。"

④ 教师将指示棒垂直插入最粗的圆穴中，请幼儿找出相应的圆柱体，对应插入圆穴。

⑤ 用指示棒指着第二个圆穴，依次划过后面的圆穴，请幼儿按照从粗到细的顺序，把相应的圆柱体插入圆穴中。（图6）

⑥ 用同样的方法进行其他几组圆柱体插座的练习。

图 6

应用提示

第二次展示　有指示棒的练习（无序）

方法：

① 取出圆柱体插座第一组，放在工作毯上（最粗的一端在左手边）。

② 把圆柱体取出，散放在工作毯上。

③ 教师用指示棒随意指着一个圆穴，请幼儿找到相应的圆柱体，插入圆穴中。注意，刚开始时可以按2，4，6，8，10的规律进行。（图7）

④ 用同样的方法进行其他圆柱体的练习。

⑤ 用同样的方法进行其他几组圆柱体插座的练习。

图 7

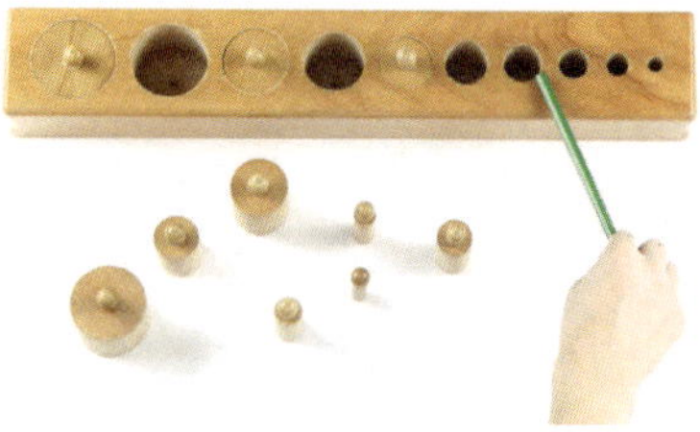

应用提示

第三次展示　组合练习

方法（两组组合、三组组合、四组组合）：

① 将任意两组圆柱体插座以"╱╲"的形式摆放在工作毯上。

② 把圆柱体摆放在工作毯上（刚开始可以有序摆放，然后过渡到无序）。（图8）

图 8

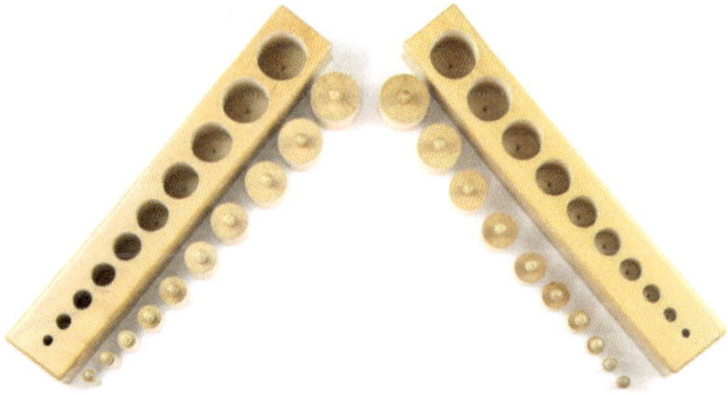

③ 找出每个圆柱体相应的圆穴，把圆柱体插入圆穴中。

④ 三组组合按“△”的形式摆放，四组组合按“□”的形式摆放，操作方法与两组组合相同。（图 9，图10）

图 9

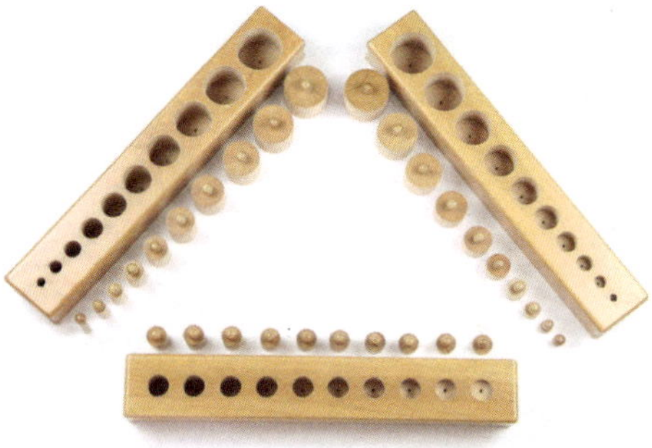

图 10

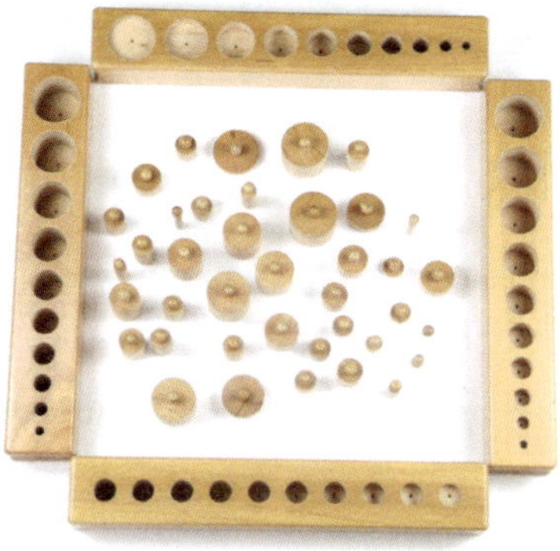

应用提示　第四次展示　配对练习

方法：

① 取出4组圆柱体散放在工作毯上，把底座收起来。

② 教师示范找出其中一组相同的圆柱体，进行高度、粗细比较后，说：“一样的。”然后把相同的一组圆柱体并列放在工作毯的左上方。

③ 请幼儿从四组圆柱体中找出两两相同的圆柱体，配对摆放在工作毯左上方。

④ 找完后，教师指着五组相同的圆柱体，说：“这是五对彼此相同的圆柱体。”（图11）

⑤ 把所有的圆柱体插入圆穴，归位。

图 11

粉红塔

教具介绍：由10块粉红色木制立方体构成，各边长度从10厘米到1厘米递减。

直接目的

① 发展视觉辨别大小的能力。
② 透过视觉，正确获得对三维空间差异变化的知觉。

间接目的

① 发展幼儿动作及视觉、触觉的协调，肌肉的控制力。
② 垒高时精神的意志力与敏锐的观察力。

建立概念

① 绝对性概念：大的，小的。
② 相对性概念：最大的，最小的。

建立概念的方法

① 教师按照从小到大的顺序将粉红塔从教具柜拿出。最小的粉红塔用两指拿，过渡到三指、五指，较大的用五指、双手取，全部散放在工作毯上。
② 把最大的和最小的粉红塔放在工作毯上方，分别指认说：“这是大的，这是小的。”问：“哪个是大的？哪个是小的？”再分别指着大的和小的粉红塔问：“这是什么？这是什么？”

注意事项

取粉红塔时要一个一个地按规范的方式取放。在取放的过程中，让幼儿对大小的差异产生身体的感觉。

基本提示　序列练习

方法：

① 把粉红塔散放在工作毯上。

② 将粉红塔按照从大到小的顺序垒高（注意有两条边要对齐，粉红塔面向幼儿的两条边是变化的）。（图1）

③ 双手从上到下缓慢触摸粉红塔，并建立概念“粉红塔”。

④ 将最小的粉红塔取下，放在工作毯上稍作停顿，然后由下往上依次摆放在粉红塔之间的间距上，进行错误控制（注意每次都要有停顿，以便观察到粉红塔之间的大小差异）。（图2）

⑤ 归位时，按照从大到小的顺序归位。

图 1

图 2

错误控制：儿童通过视觉发现摆好的粉红塔外形上明显不协调。

应用提示　第一次展示　不同的排列方式

方法：

① 把粉红塔取下，散放在工作毯上，按不同的方式排列。

② 第一种排列方式：将粉红塔按从大到小的顺序进行横向阶梯式的排列。（图3）

图 3

③ 第二种排列方式：粉红塔之间交错垒高，形成序列。（图4）

④ 归位时，按照从大到小的顺序归位。

图 4

应用提示

第二次展示　配对练习

方法：

① 教师将粉红塔散放在工作毯上。

② 将粉红塔的形式卡按照从大到小的顺序排列在工作毯的上方。

③ 依照形式卡的顺序，将粉红塔与形式卡配对。（图5）

④ 归位时，先归位形式卡，后归位粉红塔，从最大的开始归位。

图 5

棕色阶梯

教具介绍：由10块木制的棕色长方体构成。长方体的长度都是20厘米，横断面的边长从10厘米到1厘米递减。

直接目的

透过视觉辨别，在知觉上对两个维度的差异有充分的认识。

间接目的

① 感觉长方体的形状。
② 发展幼儿手眼动作的协调能力。

建立概念

① 绝对性概念：粗的，细的。
② 相对性概念：最粗的，最细的。

建立概念的方法

① 教师将棕色阶梯按照从细到粗的顺序取下，散放在工作毯上（细的棕色阶梯单手握拿，较粗的用双手五指握取）。
② 把最粗的和最细的棕色阶梯放到工作毯上方，分别指认说：“这是粗的，这是细的。”问：“哪个是粗的？哪个是细的？”再分别指着粗的和细的棕色阶梯问：“这是什么？这是什么？”

注意事项

取棕色阶梯要一根一根地按规范的方式取放。在取放的过程中，让幼儿对粗细的差异产生身体的感觉。

基本提示　序列练习

方法：

① 教师把棕色阶梯取出，散放在工作毯上。

② 将棕色阶梯按照从粗到细的顺序，有序摆放在工作毯上。（图1）

③ 用右手食指和中指，按照棕色阶梯从粗到细的顺序，缓慢触摸并建立概念“棕色阶梯”。

④ 取出最细的棕色阶梯，由细至粗，依次放在其他棕色阶梯之间的间距上，进行错误控制（注意每次都要有停顿，以便观察到棕色阶梯之间的粗细差异）。（图2）

⑤ 然后把最细的棕色阶梯归位。

⑥ 棕色阶梯归位时，按从粗到细的顺序进行。

图 1

图 2

错误控制： 儿童通过视觉发现排列后的长方体有明显的不协调。

应用提示　第一次展示　不同的排列方式

方法：

① 将棕色阶梯取下，散放在工作毯上，按不同的方式排列。

② 第一种排列方式：将棕色阶梯按从粗至细的顺序，竖向有序排列。（图3）

③ 第二种排列方式：将棕色阶梯按从粗至细的顺序，横向有序垒高。（图4）

④ 归位时，按从粗到细的顺序归位。

图 3

图 4

应用提示　第二次展示　配对练习

方法：

① 把棕色阶梯散放在工作毯上。

② 把棕色阶梯形式卡按照从粗到细的顺序，有序排列在工作毯的上方。

③ 依照形式卡的顺序，将棕色阶梯与形式卡配对。（图5）

④ 归位时先归位形式卡，后归位棕色阶梯，从最粗的开始归位。

图 5

应用提示　第三次展示　粉红塔与棕色阶梯的配对练习

方法:

① 将粉红塔、棕色阶梯散放在工作毯上。

② 第一种配对方式：将粉红塔和棕色阶梯相同的横截面有序配对，并按顺序排列。(图6)

③ 第二种配对方式：将粉红塔和棕色阶梯相同的横截面有序交错配对，并按顺序排列。(图7)

④ 第三种配对方式：将粉红塔和棕色阶梯相同的横截面有序配对，并按顺序垒高。(图8)

⑤ 第四种配对方式：将粉红塔和棕色阶梯相同的横截面有序交错配对，并按顺序垒高。(图9)

⑥ 第五种配对方式：将粉红塔和棕色阶梯相同的横截面呈对角交错垒高。(图10)

⑦ 先归位粉红塔，再归位棕色阶梯。

图6

图7

图8

图9

图10

长棒

教具介绍：由10根红色的木制长方棒构成。长方棒长由100厘米到10厘米递减，每根棒长度相差10厘米。每根棒的正方形部分的边长是5厘米。

直接目的

① 透过视觉正确地辨别长度的差异。
② 训练手眼动作的协调。

间接目的

① 学习测量长度的基本概念及经验。
② 数学教育的直接准备教具。

建立概念

① 绝对性概念：长的，短的。
② 相对性概念：最长的，最短的。

建立概念的方法

① 教师双手握住长棒的两端，将长棒按照从短到长的顺序取下，散放在工作毯上。
② 把最长的和最短的长棒放到工作毯上方，分别指认说："这是长的，这是短的。"问："哪个是长的？哪个是短的？"再分别指着最长的和最短的长棒问："这是什么？这是什么？"

注意事项

拿长棒要一根一根地按规范的方式取放。在取放的过程中，让幼儿对长短的差异产生身体的感觉。

基本提示

序列练习

方法：

① 教师把长棒散放在工作毯上。

② 取出最长的长棒放在工作毯的上方，用右手的食指和中指轻缓、连续地触摸（注意，手指不能超越棒体的外侧边缘）。（图1）

③ 依次找出最长的长棒进行触摸，左边对齐，按照从长到短的顺序排列。（图2）

④ 从最长的长棒开始，缓慢触摸每根长棒的末端，一直到最短的长棒，并建立概念"长棒"。

⑤ 取最短的长棒作为控制棒，按照从短到长的顺序，依次与其他长棒组合，进行错误控制。（图3）

⑥ 归位时，按从长到短的顺序归位。

图 1

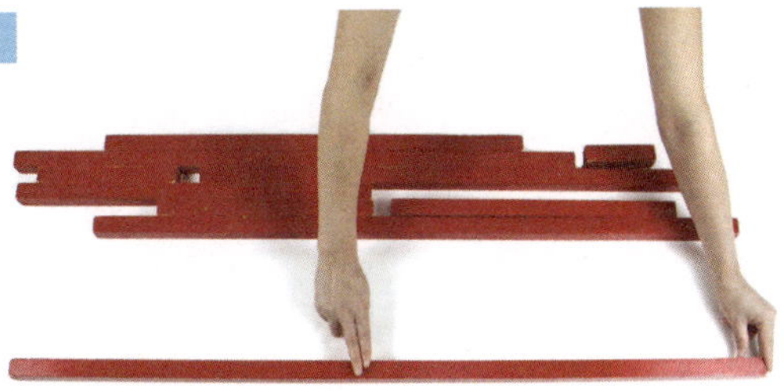

图 2

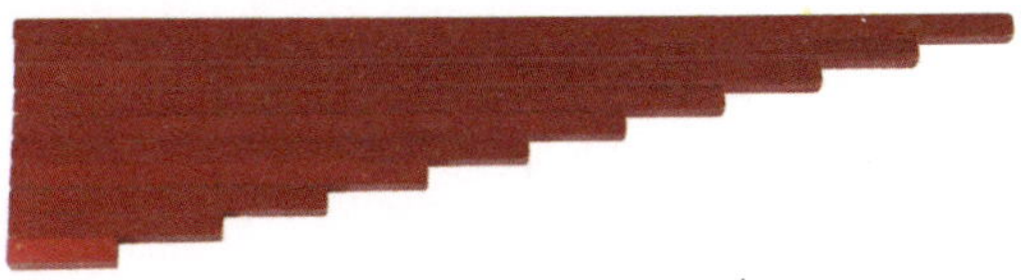

图 3

错误控制：儿童通过视觉发现排列好的长棒的长短明显不协调。

应用提示

第一次展示　不同的排列方式

方法：

① 将长棒取出，散放在工作毯上，进行不同方式的排列。

② 第一种排列方式：将长棒按照从长到短的顺序，左端对齐垒高。（图4）

③ 第二种排列方式：铺两张工作毯，把长棒按由长至短（或由短至长）的顺序摆成回字形。（图5）

④ 归位时，按从长到短的顺序归位。

图 4

图 5

应用提示

第二次展示　组合练习

组合练习（一）

方法：

① 将长棒按照从长到短的顺序，摆放在工作毯上。

② 将最短的长棒与第二长的长棒进行组合，并与最长的长棒对齐，以此类推，直至将最后的一根长棒用右手食指和中指触摸，立起放到另一边，停顿后再立起放回到原位。（图6）

图 6

③ 将长棒由短至长归位，恢复到由长至短的有序排列。

组合练习（二）

方法：

① 铺两张工作毯，把长棒有序排列在工作毯上。

② 把最长的一根长棒放到另一张工作毯上，将其他长棒中最长的和最短的依次进行组合。（图7）

③ 归位时，先将长棒恢复到由长至短的顺序，再按从长到短的顺序归位。

图 7

彩色圆柱体组

教具介绍：彩色圆柱体分为红、黄、蓝、绿4种颜色，形状和尺寸均与圆柱体插座完全相同（只是少了握柄和有圆穴的插座）。每种颜色各有10个圆柱放在同色盖子的木盒中。

直接目的

再次确认幼儿是否具备辨别大小的能力。

间接目的

① 发展手眼协调、手肌肉动作的精确性。
② 培养敏锐的观察力、专注力。
③ 培养逻辑思考能力。

建立概念

第一组：绝对性概念——粗的，细的；相对性概念——最粗的，最细的。
第二组：绝对性概念——大的，小的；相对性概念——最大的，最小的。
第三组：绝对性概念——高的，矮的；相对性概念——最高的，最矮的。

基本提示

序列练习

方法：

① 将第一组彩色圆柱体（红色组）取出，散放在工作毯上。

② 找出最粗的圆柱体，放在工作毯上。

③ 在余下的红色圆柱体中，找出最粗的圆柱体，与第一个圆柱体比对后，排列在后面。（图1）

④ 再在余下的红色圆柱体中，依次找出最粗的，与前面已经排列好的圆柱体比对后，排列在后面（注意要与前面的每个圆柱体都进行比对）。（图2）

⑤ 用同样的方法进行其他彩色圆柱体组的练习。注意，将黄色圆柱体按照从大到小的顺序排列、蓝色圆柱体按照从高到矮的顺序排列、绿色圆柱体按三维变化（越来越细、越来越高）的顺序排列。（图3）

图 1

图 2

图 3

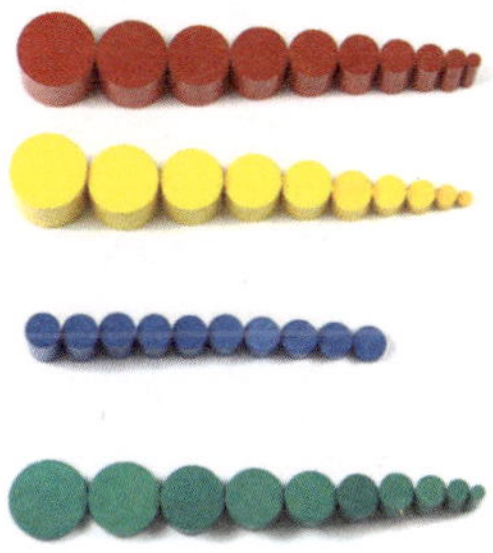

错误控制： 儿童通过视觉发现圆柱体高度和直径逐渐变化。

应用提示　第一次展示　配对练习

方法：

图 4

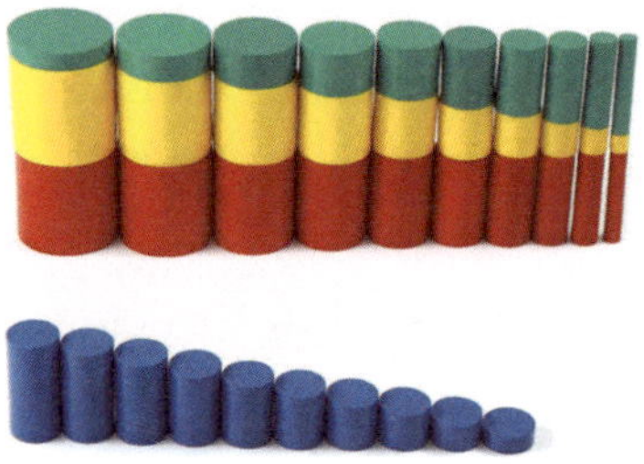

① 将四组彩色圆柱体，按序列摆放在工作毯上。

② 在黄色圆柱体、绿色圆柱体中，按照从大到小、从粗到细的顺序，找出与红色圆柱体直径相同的圆柱体，配对摆放（顺序为黄色—绿色）。（图4）

③ 将蓝色圆柱体按从高到矮的顺序，摆放在红色圆柱体的旁边。

应用提示　第二次展示　不同的排列方式

方法：

图 5

① 第一种排列方式：把红色的圆柱体按照从粗到细的顺序垒高。（图5）

② 第二种排列方式：把红色的圆柱体按照从粗到细的顺序排列成蛇形。（图6）

③ 第三种排列方式：把红色的圆柱体按照从粗到细的顺序，平放排列在工作毯上。（图7）

④ 用同样的方法，进行其他三组彩色圆柱体的练习。

⑤ 可以有多种排列方式，原则是进行有序的排列。

图 6

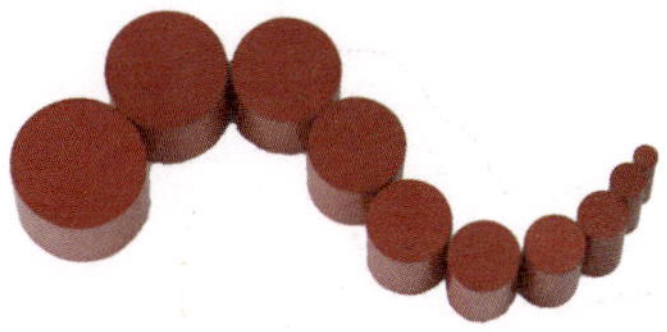

图 7

应用提示　第三次展示　找出直径、高度相同的 5 对圆柱体

方法：

① 教师将四组彩色圆柱体取出，散放在工作毯上。

② 在四组中找出直径、高度相同的五对彩色圆柱体配对（方法与圆柱体插座相同）。（图8）

③ 把彩色圆柱体有序归位。

图 8

色板

教具介绍：由3盒组成。

第一盒：红、黄、蓝三原色色板各2片，共6片。

第二盒：红、黄、蓝、橙、绿、紫、粉、棕、灰、黑、白11色的色板各2片，共22片。

第三盒：红、黄、蓝、橙、绿、紫、粉、棕、灰9色，各有7级深浅度差别的色板，共63片。

直接目的

学习颜色的对比性及颜色组合的预备。

间接目的

培养对色彩的美感。

注意事项

每次都要和前面所有的色板进行比对。

色板第一盒 三段式名称练习

建立概念

红色，黄色，蓝色。

方法：

① 将色板取出，散放在工作毯上。

② 从盒子取出一片红色的和一片黄色的色板，竖放在工作毯上。

③ 找出另一片红色的色板，建立概念“红色”。配对摆放在红色色板旁边。（图1）

图1

④ 找出另一片黄色的色板，建立概念“黄色”，配对摆放在黄色色板旁边。

⑤ 三段式名称练习。教师分别指着红色和黄色色板，说：“这是红色，这是黄色。”问：“哪个是红色？哪个是黄色？”分别指着红色和黄色色板问：“这是什么颜色？这是什么颜色？”

⑥ 用同样的方式，进行蓝色的三段式名称练习（依据幼儿认知状态来确定是建立3个还是2个概念）。（图2）

图 2

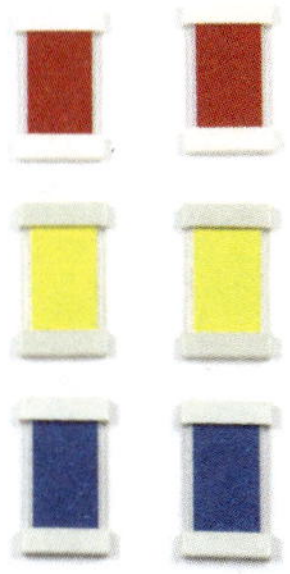

色板第二盒　第一次展示

建立概念

橙色，绿色，紫色。

方法：

① 工作毯竖放。

② 教师将红、黄、蓝的色板取出散放，分别拿出红、黄、蓝的色板各一片，问：“这是什么颜色？”幼儿回答。请幼儿找出相应的颜色进行配对，并有序地竖放在工作毯左上方。

③ 将橙色、绿色、紫色的色板取出散放。

④ 橙色、绿色、紫色3种颜色为一组，进行配对练习，并使用三段式名称练习（方法与色板第一盒相同）。（图3）

图 3

色板
第二盒

第二次展示

建立概念

粉色，棕色，灰色。

方法：

① 教师将橙、绿、紫的色板取出散放，分别拿出橙、绿、紫的色板各一片，问："这是什么颜色？"幼儿回答。请幼儿找出相应的颜色进行配对，有序地竖放在工作毯左上方。

② 将粉色、棕色、灰色的色板取出散放。

③ 粉色、棕色、灰色3种颜色为一组，进行配对练习，并使用三段式名称练习（方法与色板第一盒相同）。（图4）

图 4

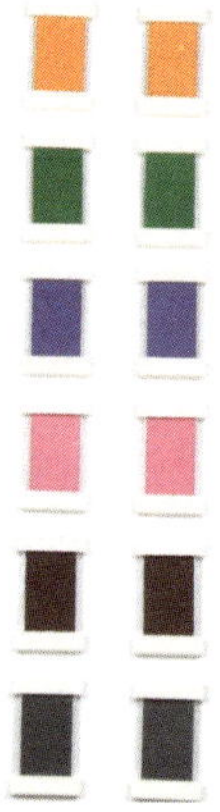

色板
第二盒

第三次展示

建立概念

黑色，白色。

方法：

① 教师将粉、棕、灰的色板取出散放，分别拿出粉、棕、灰的色板各一片，问："这是什么颜色？"幼儿回答。请幼儿找出相应的颜色进行配对，有序地竖放在工作毯左上方。

② 将黑色、白色的色板取出散放。

③ 黑色、白色2种颜色为一组，进行配对练习，并使用三段式名称练习（方法与色板第一盒相同）。（图5）

图 5

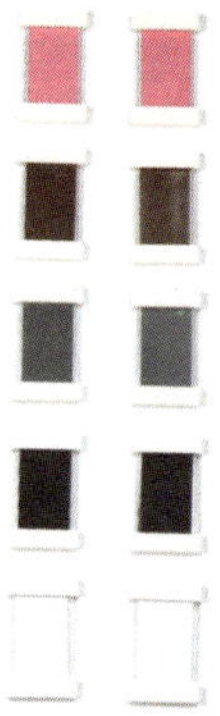

色板第三盒　第一次展示　序列练习

建立概念

相对性概念：最深的红色，最浅的红色；最深的黄色，最浅的黄色；最深的蓝色，最浅的蓝色；最深的橙色，最浅的橙色；最深的绿色，最浅的绿色；最深的紫色，最浅的紫色；最深的粉色，最浅的粉色；最深的棕色，最浅的棕色；最深的灰色，最浅的灰色。

方法：

① 工作毯竖放。

② 教师将红色的色板取出散放，找出最深和最浅的红色放两边，在余下的红色中，找出最深的红色，与前面最深的红色对比，排列在后面，依次进行。（图6，图7）

③ 三段式名称练习。分别指着最深的红色和最浅的红色说：“最深的红色，最浅的红色。”问：“哪个是最深的红色？哪个是最浅的红色？”分别指着最深的红色和最浅的红色问：“这是什么颜色？这是什么颜色？”

④ 用同样的方法，把其他颜色按照从深到浅的顺序排列，并进行三段式名称练习。（图8）

图 6

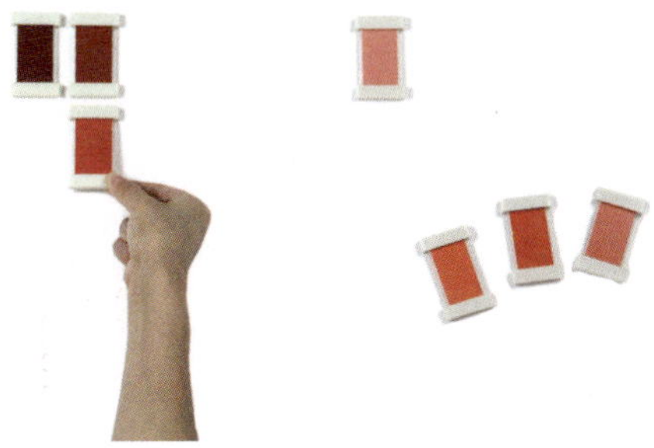

图 7

图 8

色板第三盒　第二次展示　不同的排列方式

方法：

① 将9种颜色的色板按照从深到浅的顺序排列并组成太阳形状。（图9）

② 将每一种颜色按照从深到浅的顺序各组成一个太阳形状。（图10）

图 9

图 10

错误控制：儿童通过视觉辨识颜色的差异和变化。

几何拼图橱

教具介绍：6层抽屉中装有几何图形嵌板，各层内容如下。

第一层：圆形，6个，最大直径10厘米，并以1厘米的差距逐渐缩小。

第二层：三角形，6个，边长及角度各异（等边三角形、直角等腰三角形、钝角等腰三角形、锐角等腰三角形、直角不等边三角形、钝角不等边三角形各1个）。

第三层：四边形，6个，最大的为正方形，边长10厘米，其余5个为长方形，横边以1厘米的差距逐渐缩小。

第四层：正多边形，6个，从正五边形到正十边形。

第五层：不规则四边形，平行四边形2个、等腰梯形1个、不等边梯形1个。

第六层：不规则图形，卵形、椭圆形、花菱形、曲线三角形、锐角不等边三角形各1个。

卡片：由3系列几何图形卡片组成。

第一系列：涂满色卡片，图形全部涂满蓝色。

第二系列：粗线卡片，以粗线画图形。

第三系列：细线卡片，以细线画图形。

直接目的

由肌肉和触觉的联合，来帮助视觉认识平面几何图形。

间接目的

① 发展幼儿手眼协调、手部肌肉运动的控制力。

② 加强幼儿的注意力、观察力。

③ 读书、写字的预备。

④ 进入平面几何学的预备，作为立体几何学的前引。

基本提示

配对练习

建立概念

圆形，三角形，四边形，正多边形，不规则四边形，不规则图形。

方法：

① 教师轻缓地拉开几何拼图橱的每一层抽屉，介绍每层抽屉的图形。
② 取出第一层的圆形镶嵌板组，放在工作毯上。
③ 将圆形镶嵌板取出，按照从大到小的顺序排列在工作毯上。（图1）
④ 右手食指和中指绕着圆穴触摸一周，左手三指（大拇指、食指、中指）捏住圆形镶嵌板的柄，右手食指和中指沿着镶嵌板触摸一周，再把圆形镶嵌板放在圆穴中，触摸边缘。（图2）
⑤ 用同样的方法进行其他圆形镶嵌板的练习。
⑥ 用同样的方法进行其他几层抽屉几何图形镶嵌板的练习。

图 1

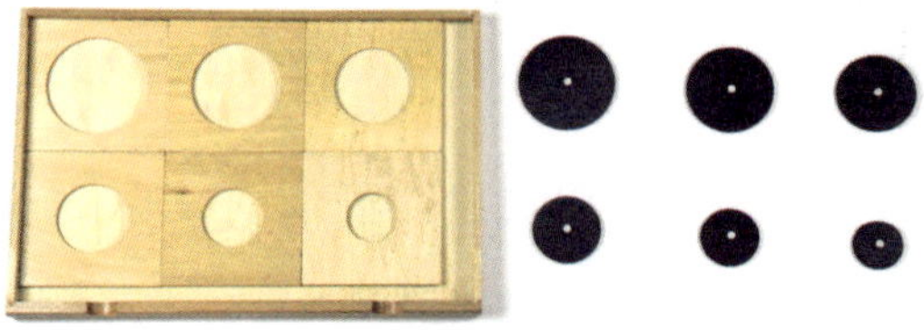

图 2

错误控制：儿童通过视觉和触觉发现图形镶嵌板正好嵌入图形中。

应用提示 第一次展示　几何图形与第一系列卡片的配对

方法：

① 圆形第一系列卡片按照从大到小的顺序，排列在工作毯上方。

② 把最大的圆形镶嵌板取出，与第一系列卡片配对。（图3）

③ 用同样的方法，依次把其他圆形镶嵌板与第一系列卡片配对。（图4）

④ 归位时先收卡片，再归位圆形镶嵌板。

⑤ 用同样的方法进行其他几层抽屉的几何图形镶嵌板与第一系列卡片的配对练习。

图 3

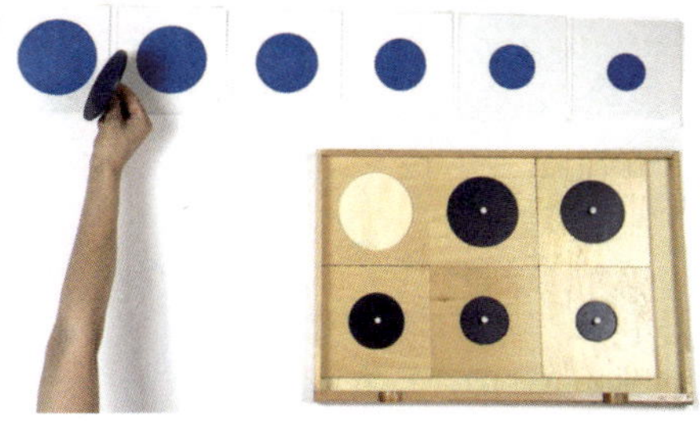

图 4

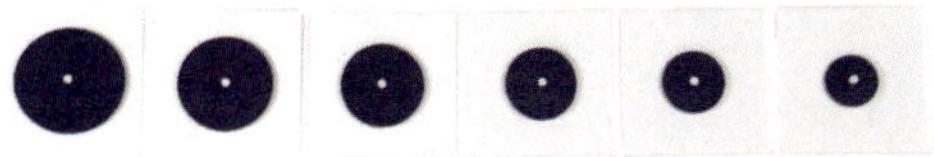

应用提示 第二次展示　第一系列与第二系列卡片的配对

方法：

① 将圆形第一系列的卡片按照从大到小的顺序排列在工作毯上方，第二系列的卡片无序放在托盘中。

② 取出一张第二系列的卡片与第一系列的卡片配对（每一张都要对比）。（图5）

图 5

③ 用同样的方法依次进行其他圆形第一系列与第二系列卡片的配对练习。（图6）

④ 用同样的方法进行其他几层抽屉的几何图形第一系列与第二系列卡片的配对练习。

⑤ 延伸活动：用同样的方法进行第一系列卡片和第三系列卡片的配对练习。（图7）

图6

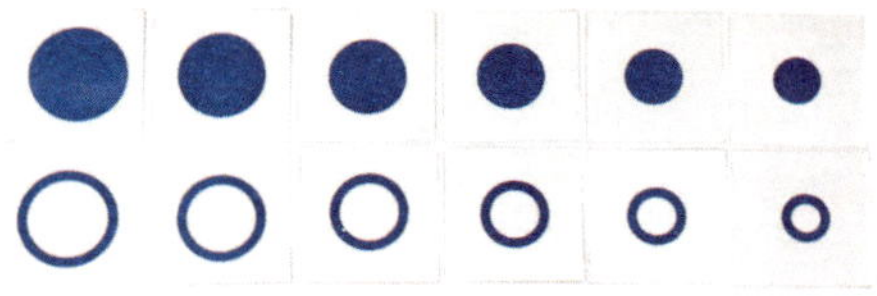

图7

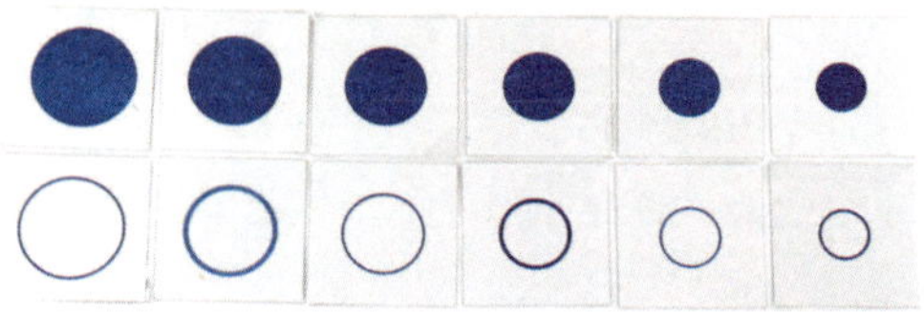

应用提示 第三次展示 几何图形与三系列卡片的配对

方法：

① 铺两张工作毯，一张工作毯竖放。

② 圆形镶嵌板有序放在箱内，三系列卡片分别无序放在工作毯上。

③ 按照从大到小的顺序取出圆形镶嵌板放在托盘中。从第一系列的卡片中找出直径相同的卡片与其配对，并将第一系列的卡片放在另一张工作毯上。

④ 用相同的方法将圆形镶嵌板依次与第二、第三系列的卡片配对，并将卡片依次有序地排列在另一张工作毯上。（图8）

⑤ 用同样的方法进行其他圆形镶嵌板的配对练习。

⑥ 用同样的方法进行其他几层抽屉的几何图形镶嵌板与三系列卡片的配对练习。

图8

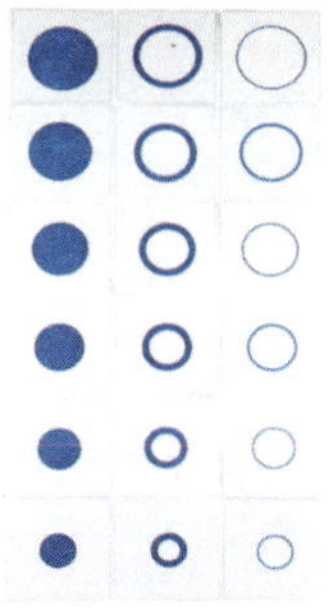

错误控制：儿童通过视觉发现卡片和图形的镶嵌板正好吻合。

几何学立体组

教具介绍：几何学立体组包括球体、圆锥体、正方体、椭圆体、圆柱体、四棱锥、卵形体、三棱柱、三棱锥、长方体、投影板。

直接目的

培养对实体的感觉（运用视觉、触觉认识立体几何的特征或性质）。

间接目的

① 刺激肌肉感觉的敏锐度。

② 为进入几何学习做准备。

注意事项

进行三段式名称练习时，要依据幼儿的掌握情况，决定是否要进行接下来的练习。

基本提示　第一次展示　三段式名称练习（分三次进行）

建立概念

球体，圆锥体，正方体，椭圆体，圆柱体，四棱锥，卵形体，三棱柱，三棱锥，长方体。

方法：

① 球体、圆锥体、正方体为一组，用托盘放在工作毯上。

② 教师双手触摸感觉球体，在工作毯上轻轻滚动，建立概念“球体”。（图1）

图 1

③ 教师一只手托着圆锥体的底部，另一只手从上到下触摸，感觉圆锥体，并在工作毯上轻轻滚动，建立概念“圆锥体”。

④ 教师双手触摸感觉正方体，并在工作毯上轻轻翻动，建立概念“正方体”。

⑤ 使用三段式名称练习。教师分别指着球体、圆锥体、正方体，建立概念“这是球体，这是圆锥体，这是正方体”。问：“哪个是球体？哪个是圆锥体？哪个是正方体？”分别指着三个几何体，问：“这是什么？这是什么？这是什么？”（图2）

⑥ 当幼儿完全掌握三个几何体的概念后，就可以进行其他立体的名称练习。

⑦ 用同样的方法进行椭圆体、圆柱体、四棱锥的练习。（图3）

⑧ 用同样的方法进行卵形体、三棱柱、三棱锥、长方体的练习。（图4）

图2

图3

图4

基本提示　第二次展示　几何体与投影板的配对练习

方法：

① 教师将几何学立体组分几次用托盘取出（3个为一组，最后一次4个为一组），有序地排列在工作毯上方，投影板散放在工作毯上。

② 教师用右手食指触摸投影板控制线，找出相应的几何体，依次进行配对。（图5）

图5

基本提示　第三次展示　三步卡的练习

方法：

① 教师将几何学立体组有序地竖向排列在工作毯上。

② 三步卡散放在工作毯上。

③ 从球体开始，找出与球体配对的图片、三步卡，进行配对。

④ 用同样的方法进行其他几何体与三步卡的配对练习。（图6）

⑤ 归位时先归位三步卡，再归位几何学立体组。

图 6

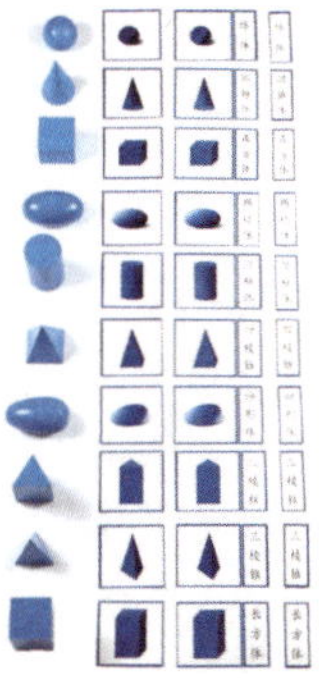

应用提示　记忆练习

方法：

① 教师将几何学立体组用托盘取出，有序地摆放在工作毯上。

② 介绍神秘袋和眼罩。

③ 按照几何学立体组的顺序，将球体、圆锥体、正方体装入神秘袋。（图7）

④ 戴上眼罩，从神秘袋中摸出几何体并触摸，说出几何体的名称，然后摆放在工作毯上。（图8）

⑤ 用同样的方法进行椭圆体、圆柱体、四棱锥的练习。

⑥ 用同样的方法进行卵形体、三棱柱、三棱锥、长方体的练习。

图 7

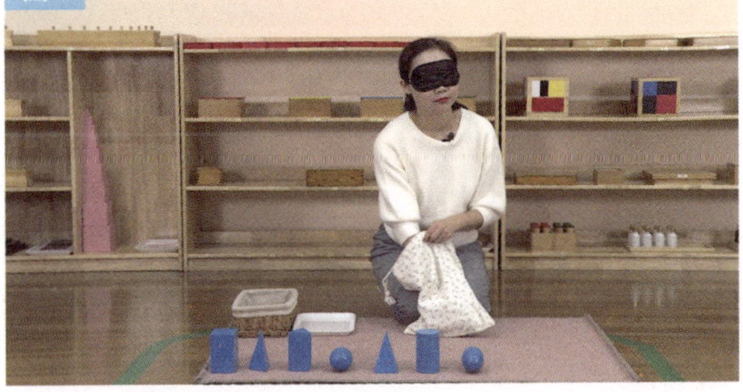

图 8

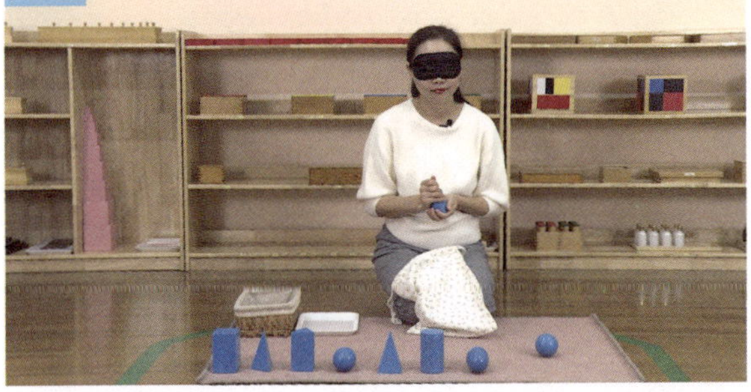

三角形组合

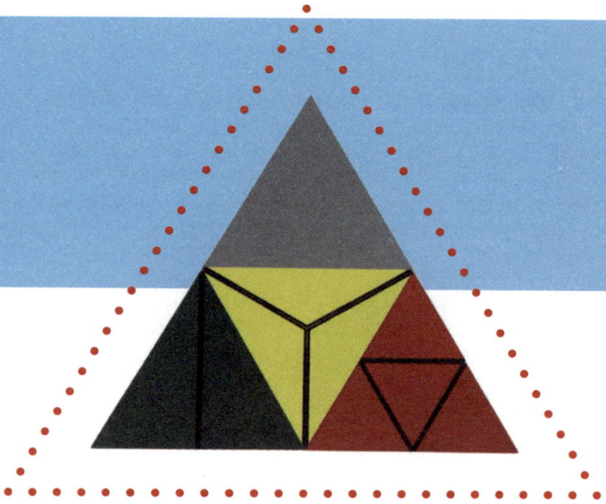

教具介绍：

第一盒：三角形盒，内有大等边三角形灰色1片、直角不等边三角形绿色2片、钝角等腰三角形黄色3片、小等边三角形红色4片。

第二盒：大六边形盒，内有大等边三角形黄色1片，钝角等腰三角形黄色6片、红色2片、灰色2片。

第三盒：小六边形盒，内有小等边三角形灰色6片、绿色3片、红色2片，大等边三角形黄色1片，钝角等腰三角形红色6片。

第四盒：长方形盒，内有等腰直角三角形绿色、黄色各2片，直角不等边三角形灰色、绿色、黄色各2片，锐角等腰三角形黄色2片，直角不等边三角形和钝角三角形红色各1片。

第五盒：长方形盒（蓝色组），内有直角等腰三角形2片、直角不等边三角形3片、正三角形2片、钝角等腰三角形1片。

第六盒：长方形盒（蓝色组），内有直角不等边三角形12片。

直接目的

① 认识各种平面几何图形的形状及名称。
② 培养视觉敏锐度与三角形的组合能力。
③ 由三角形的组合学习几何图形彼此间的关系。

间接目的

① 培养逻辑思考能力。
② 学习部分、平面、整体的关系。
③ 学习平面几何的间接准备。

注意事项

① 在进行第一盒三角形组合展示时，可以轻触控制线，让幼儿清楚错误控制。
② 归位时，原则上按先取后放的顺序。

第一盒　三角形的名称练习

建立概念

三角形。

方法：

① 将三角形依次取出，分类并有序排列在工作毯上。（图1）

② 取大的灰色等边三角形，建立概念“三角形”。

③ 将2个绿色的直角三角形按照控制线组合成一个等边三角形，将灰色等边三角形叠放在上面，问：“你发现了什么？”

④ 将3个黄色等腰钝角三角形按照控制线组合成一个等边三角形，将灰色的大等边三角形叠放在上面，问：“你发现了什么？”

⑤ 将4个红色等边三角形按照控制线组合成一个等边三角形，将灰色等边三角形叠放在上面，问：“你发现了什么？”（图2）

⑥ 教师：“将4个小三角形组成一个大三角形。”将黄色三角形向右转，绿色三角形和红色三角形分别向黄色三角形移动，灰色三角形放在上面，4个小三角形组成一个大三角形。(图3)

⑦ 将大三角形恢复成4个小三角形，并按照从右至左的顺序有序地归位。

图1

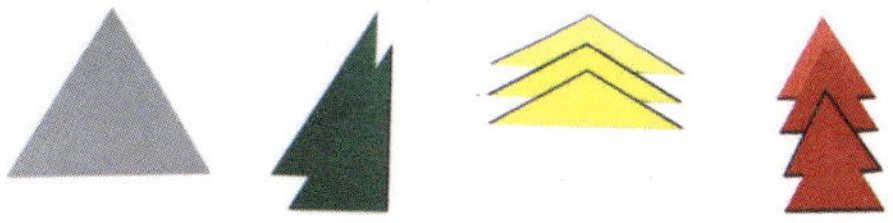

图2

图3

第二盒 六边形的组合、分解练习

建立概念

六边形。

方法：

① 将三角形依次取出，按照颜色分类，有序地排列在工作毯上方。（图4）

② 取大的黄色等边三角形，建立概念“三角形”。

③ 将3个黄色钝角三角形组合成一个等边三角形，建立概念。拿大的黄色三角形叠放在上面进行对比，问：“你发现了什么？”（图5，图6）

④ 将其他几个黄色钝角三角形与组合出来的黄色大三角形，再组成一个六边形，建立概念“六边形”。

⑤ 将两个红色钝角三角形组成一个菱形。

⑥ 将两个灰色钝角三角形组成一个菱形。（图7）

⑦ 将黄色的六边形分解成三个菱形（图8），稍停顿再组合成六边形。

⑧ 将三角形按从右至左有序地归位。

图4

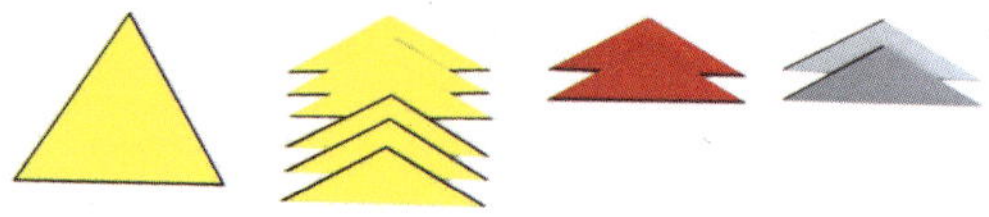

图5

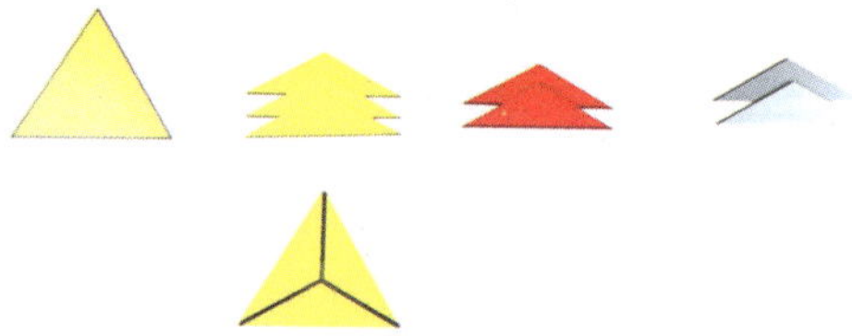

图6

图7

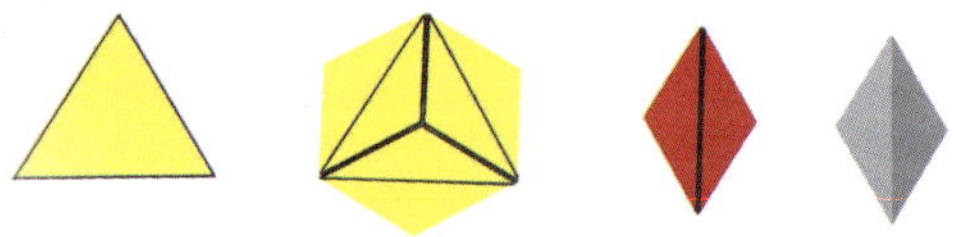

图8

第三盒 菱形组合成六边形、分解梯形

建立概念

菱形，梯形。

方法：

① 将三角形取出，有序排列在工作毯上方。（图9）

② 将红色钝角三角形组成3个菱形，建立概念“菱形”。

③ 将红色等边三角形组成一个菱形，建立概念“菱形”。

④ 将3个绿色等边三角形组成一个梯形，建立概念“梯形”。

⑤ 将6个灰色等边三角形组成两个梯形，再把两个梯形组成一个六边形。（图10）

⑥ 从3个红色菱形中各拿出一个红色钝角等腰三角形，组成一个等边三角形（图11）。取黄色等边三角形叠放在上面，问：“你发现了什么？”

⑦ 用余下的3个红色钝角三角形和红色等边三角形组成一个六边形，建立概念“六边形”。（图12）

⑧ 将三角形从右至左有序地归位。

图 9

图 10

图 11

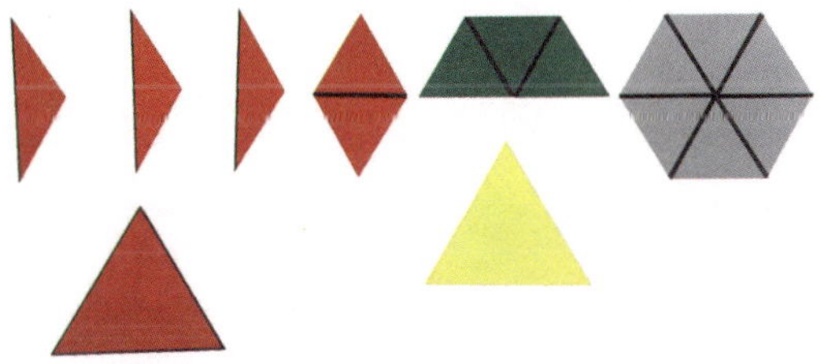

图 12

第四盒　了解基本图形的组成

建立概念

四边形。

方法:

① 将三角形取出，相同颜色或形状配对，排列在工作毯上。（图13）

② 将一个红色直角三角形和一个红色钝角等腰三角形组成一个梯形。

③ 将2个黄色锐角等腰三角形组成一个菱形。

④ 将2个黄色直角三角形组成一个平行四边形。

⑤ 将2个绿色直角三角形组成一个平行四边形。

⑥ 将2个绿色等腰直角三角形组成一个正方形。

⑦ 将2个灰色直角三角形组成一个长方形。

⑧ 将2个黄色等腰直角三角形组成一个平行四边形。（图14）

⑨ 有序地归位三角形。

图 13

图 14

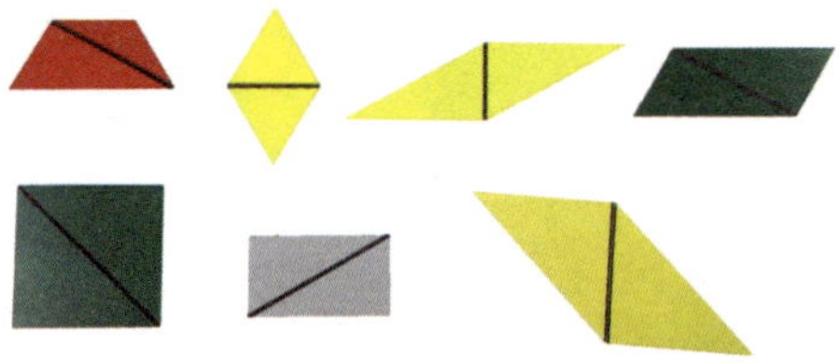

第五盒　基本图形的组成练习

方法:

① 将三角形取出散放在工作毯上。

② 将2个等腰直角三角形组成一个正方形。

③ 将一个直角三角形和一个钝角等腰三角形组成一个梯形。

④ 将2个锐角等腰三角形组成一个平行四边形。

⑤ 将2个直角三角形组成一个长方形。（图15）

⑥ 有序地归位三角形。

图 15

第六盒 直角三角形不同的排列练习

方法:

① 第一种排列方式：4个直角三角形的90度角相对。（图16）

② 第二种排列方式：4个直角三角形的60度角相对。（图17）

③ 第三种排列方式：12个直角三角形的30度角相对。（图18）

④ 第四种排列方式：12个直角三角形的30度角和60度角进行组合。（图19）

⑤ 鼓励幼儿进行更多不同的排列方式。（图20）

图16

图17

图18

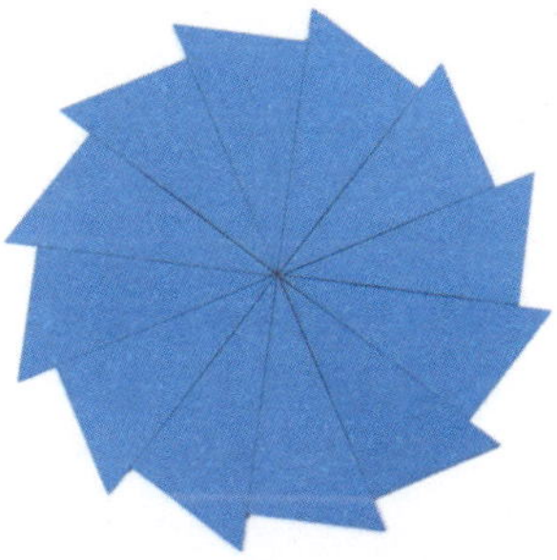

图19

图20

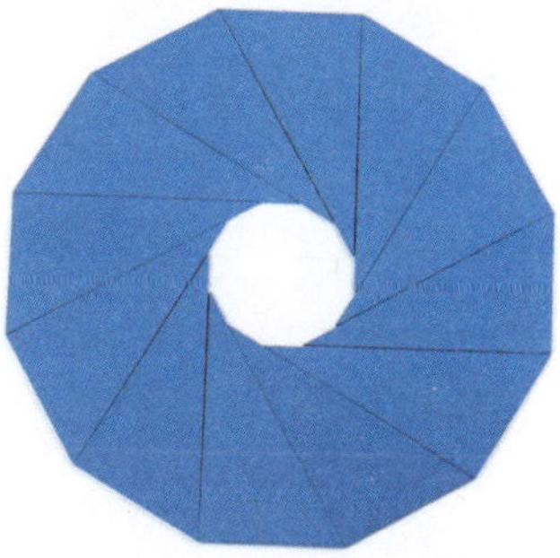

错误控制: 通过黑色控制线引导儿童。

二项式

教具介绍：红、蓝、黑三色的木制立方体及长方体共8个，放在木箱里。盒盖和盒子外侧有控制卡。

直接目的

通过触觉、视觉联合来培养数学思考能力。

间接目的

作为代数二项式的间接准备。

公式：$(a+b)^3=a^3+3a^2b+3ab^2+b^3$

基本提示　第一次展示　配对练习

方法：

① 教师将盒盖取下，放在工作毯上。

② 从第一层开始，把二项式取出，依次与盒盖上的控制卡有序进行配对，然后有序摆放在工作毯上。（图1）

③ 用同样的方法把另一层的二项式依次与盒盖上的控制卡有序进行配对，然后有序摆放在工作毯上。（图2）

图 1

图 2

④ 归位时，先把二项式第二层依次有序与盒盖上的控制卡进行配对，然后放入盒中。（图3）

⑤ 用同样的方法把另一层二项式归位回盒中。(图4)

图3

图4

基本提示 第二次展示 分类练习

方法：

① 教师将二项式取出，散放在工作毯上。

② 按照红色、红黑相间、蓝色、蓝黑相间的顺序将二项式进行分类。（图5）

③ 从最大的红色正方体开始，依次有序把二项式与盒盖控制卡的颜色进行配对，然后放入盒中。（图6，图7）

图5

图6

图7

三项式

教具介绍：红、蓝、黄、黑的木制立方体（3个）、长方体（24个）组合成立方体放入箱中，盒盖和盒子外侧有控制卡。

直接目的

培养视觉、触觉对三维空间的辨别能力。

间接目的

① 培养数学的思考能力。

② 作为学习三项式代数的间接准备。

公式：$(a+b+c)^3=a^3+3a^2b+3a^2c+b^3+3ab^2+3b^2c+c^3+3ac^2+3bc^2+6abc$

基本提示　第一次展示　配对练习

方法：

① 教师将盒盖取下，放在工作毯上。

② 从第一层开始，把三项式取出，依次与盒盖上的控制卡有序进行配对，然后有序摆放在工作毯上（方法与二项式相同）。

③ 用同样的方法进行第二层、第三层三项式的配对练习。（图1）

图 1

④ 归位时，先把三项式第三层依次有序与盒盖上的控制卡进行配对，然后放入盒中。（图2）

⑤ 用同样的方法，把另外两层三项式归位回盒中。（图3）

图2

图3

错误控制：儿童通过盒盖图案提示进行操作。

基本提示　第二次展示　分类练习

方法：

① 教师将三项式取出，散放在工作毯上。

② 按照红色正方体、红黑相间长方体2组，蓝色正方体、蓝黑相间长方体2组，黄色正方体、黄黑相间长方体2组，黑色长方体的顺序进行分类，并有序地排列在工作毯上。（图4）

③ 取出盒盖，按照控制卡的颜色，先将最大的红色正方体与盒盖上的控制卡进行配对，然后放入盒中。（图5，图6）

④ 用同样的方法，依次把其他的正方体和长方体与盒盖上的控制卡进行配对，再归位回盒子中。（图7）

图4

图5

图6

图7

Part

2

触觉部分

触觉板

教具介绍：

第一组：3块长方形木板。

A板：粗糙面（砂纸）及光滑面（木板）各占一半的木板一块。

B板：与A板相同的粗糙面、光滑面交互组合的木板一块。

C板：由5级粗糙面所构成的木板一块。

第二组：粗糙面及光滑面的木板各5组，共10块；分别按粗糙、细腻程度区分为5级，每级各为2块。

直接目的

通过触觉，练习粗糙、细腻的感觉。

间接目的

① 培养手部肌肉的控制力。

② 发展手眼动作协调能力。

③ 作为学习书写的间接准备。

第一次展示　三段式名称命名练习

建立概念

粗糙的，光滑的。

方法：

① 教师取出A板摆放在工作毯上。

② 教师邀请幼儿戴上眼罩（或闭上眼睛）。

③ 教师将幼儿的手放在触觉板上触摸，建立“粗糙”和“光滑”的概念。（图1）

图1

④ 三段式名称命名练习。教师问幼儿：“哪块是光滑的？哪块是粗糙的？”让幼儿触摸辨识。再牵着幼儿的手让他感觉触觉板，并问：“这是什么？这是什么？”（图2）

⑤ 教师把触觉板归位。

图 2

第二次展示　三段式概念指认练习

方法：

① 教师取出B板摆放在工作毯上。

② 教师邀请幼儿戴上眼罩，牵着幼儿的手让他触摸B板。

③ 幼儿触摸时，教师反复使用概念：“光滑的、粗糙的，光滑的、粗糙的……”（图3）

④ 教师问：“哪些是粗糙的？哪些是光滑的？”请幼儿触摸相应的部分。

⑤ 教师将幼儿的手放在触觉板上粗糙的部分，问：“这是什么？”

⑥ 教师将幼儿的手放在触觉板上光滑的部分，问：“这是什么？”（图4）

⑦ 教师将触觉板归位。

图 3

图 4

第三次展示　触觉感受练习

方法：

① 教师取出C板摆放在工作毯上。

② 教师邀请幼儿戴上眼罩。

③ 教师带领幼儿依次触摸粗糙面，问："你发现了什么？"

④ 依据幼儿的情况，教师边触摸边重复："越来越粗糙。"

⑤ 教师将触觉板归位。

错误控制：儿童通过触觉辨识粗糙程度的差异变化。

延伸活动　配对练习

方法：

① 教师取出第二组触觉板散放在工作毯上。

② 邀请幼儿戴上眼罩（或闭上眼睛）。

③ 教师递给幼儿一块触觉板，请幼儿找出与它相同的触觉板进行配对。

④ 用同样的方法进行其他触觉板的配对练习。

⑤ 教师将幼儿触摸后的触觉板按照由粗糙至细腻的顺序摆放在工作毯上。

⑥ 教师拉着幼儿的手感觉配对好的触觉板，问："你发现了什么？"

⑦ 将触觉板有序归位。

纺织品的篮子

教具介绍：一个篮子或盒子，内装有3种不同质地（可为棉布、绒布、毛料、麻、纱等）的纺织品，每种为2块，剪成正方形或扇形。

直接目的

发展并精练触觉的能力。

应用提示　**配对练习**

方法：

① 教师展示纺织品和眼罩。
② 教师将纺织品无序地摆放在工作毯上。
③ 教师戴上眼罩进行触摸 。
④ 教师先取出一块纺织品触摸，再找出与它相同质地的纺织品，配对放在一起。（图1）
⑤ 用同样的方法进行其他纺织品的配对练习。（图2）

图 1

图 2

错误控制： 儿童通过触觉辨识纺织品质感的差异和变化。

温觉板

教具介绍：盒子内装有4种质地不同的材料，每种2块，分别为铁片、瓷砖片、木块、地毯片。

直接目的

进一步发展触觉，辨别冷暖程度。

第一次展示　三段式名称练习

建立概念

冷的，暖的。

方法：

① 教师取出2块铁片和2块地毯片，配对并摆放成两排，展示眼罩。

② 邀请幼儿戴上眼罩（或请幼儿闭上眼睛）。

③ 教师将幼儿的手放在铁片上面，请幼儿感觉，说："这是冷的。"（图1）

④ 教师将幼儿的手放在地毯片上面，请幼儿来感觉，说："这是暖的。"

⑤ 进行三段式名称练习，问："哪个是冷的？哪个是暖的？"请幼儿找出相应的材料，并问："这是什么？这是什么？"（图2）

图 1

图 2

⑥ 教师递给幼儿一块温觉板，请幼儿找出与之相同感受的，并配对摆放在工作毯上。

⑦ 请幼儿取下眼罩，观察自己配对的温觉板。（图3）

图3

第二次展示　冷暖感觉的序列练习

方法：

① 教师取出温觉板，散放在工作毯上。

② 邀请幼儿戴上眼罩（或闭上眼睛）。

③ 教师递给幼儿一块温觉板，请幼儿用触摸，并从其他的温觉板中找出相同的进行配对。（图4）

④ 依次进行其他温觉板的练习。

⑤ 教师将幼儿触摸后的温觉板按照由冷至暖的顺序摆放在工作毯上。（图5）

⑥ 教师拉着幼儿的手感觉配好对的温觉板，并说：“这是冷的，越来越暖。”

⑦ 将温觉板有序归位。

图4

图5

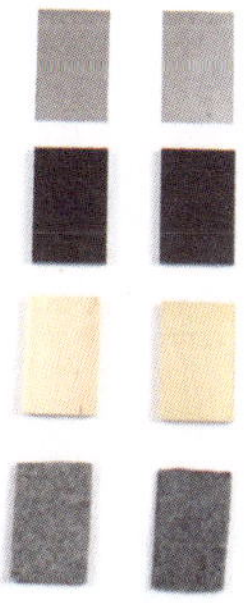

错误控制： 儿童通过触觉辨识不同材质温度的差异和变化。

重量板

教具介绍：将木盒隔成三等份（或用3个小木盒），其中各放不同材质的木板10块，共计30块。30块木板的尺寸相同，3种木料的重量随材质不同而不同。

直接目的

发展幼儿的重量感官。

间接目的

培养幼儿的判断力。

第一次展示　配对练习

建立概念

轻的，重的。

方法：

① 教师取出最重的和最轻的重量板各2块。

② 教师邀请幼儿戴上眼罩（或闭上眼睛）。

③ 教师感觉重的和轻的，说“重的”和“轻的”，再递给幼儿，请幼儿感觉并建立概念“重的”和“轻的”。（图1）

④ 用三段式名称练习，问：“哪个是轻的？哪个是重的？”请幼儿找出相应的重量板，并问：“这是什么？这是什么？”

⑤ 教师递给幼儿一块重量板，请幼儿找出与之相同的，并有序排列在工作毯上。（图2）

图 1

图 2

第二次展示　配对、序列练习

方法：

① 将三组重量板各取出2块，散放在工作毯上。

② 邀请幼儿戴上眼罩（或闭上眼睛）触摸。

③ 请幼儿找出相同的2块重量板，教师配对并有序排列在工作毯上。（图3、图4）

图3

图4

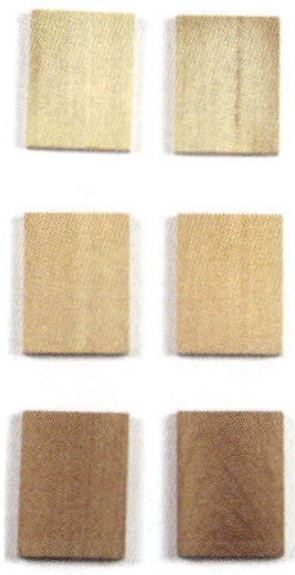

错误控制： 儿童通过触觉辨识木板重量的差异和变化。

Part

3

听觉部分

发声筒（听觉筒）

教具介绍：在2个木箱中各有6个木制圆筒，圆筒分为红、绿2组。

第一组：声音的配对练习，圆筒内装有不同的材料（小石子、沙子、壳类、米粒、米糠等），摇动时能发出强弱程度不同的声音，6个圆筒各自成对，可进行配对练习，成对的圆筒底部都有相同的记号。

第二组：声音的序列练习，可用一种材料通过量的增加，形成强音到弱音的变化，如钉子、珠子等，底部标有从大到小的记号。

直接目的

发展辨别声音强弱的听觉能力。

间接目的

发展腕部肌肉运动的控制力及柔韧性。

第一次展示　配对练习

方法：

① 教师将第一组发声筒取出，散放在工作毯上。

② 教师拿起一个发声筒晃动，倾听声音，从其他的发声筒中，找出声音相同的发声筒，配对摆放在工作毯上。（图1）

图 1

③ 用同样的方法进行其他发声筒的配对练习。
④ 教师拿起一组，让幼儿看发声筒底部的控制错误标记。（图2）
⑤ 将发声筒依次有序归位。

图 2

第二次展示　序列练习

方法：

① 教师将第二组发声筒取出，散放在工作毯上。
② 从所有的发声筒中找出最强音的发声筒，排在前面。
③ 从余下的发声筒中找出最强音的发声筒，与前面的发声筒对比后，排在它的后面。（图3）
④ 将发声筒按照从强音到弱音的顺序排列。注意，每次都要与已排好的所有发声筒进行比对。
⑤ 教师把发声筒底部翻转，让幼儿看发声筒底部的控制错误标记。（图4）
⑥ 将发声筒依次有序归位。

图 3

图 4

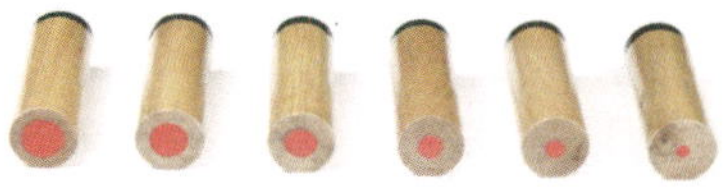

延伸活动　配对、序列练习

教具介绍：两个木箱各装有6个木制圆筒（瓶子），圆筒分为红、蓝2组。红色圆筒内的材料一样，数量不同，声音呈现从强到弱的变化；蓝色圆筒内的材料与红色圆筒完全相同；红蓝2组圆筒底部均标有相应从大到小的记号。

方法：

① 将红色发声筒取出散放在工作毯上。

② 将红色发声筒按从强音到弱音的顺序排列。

③ 将蓝色发声筒取出散放在工作毯上。

④ 拿起红色的最强音发声筒听声音，从蓝色发声筒中找出与它一样的并配对。

⑤ 按照红色发声筒从强音到弱音的顺序，从蓝色发声筒中找出相同声音的进行配对。

⑥ 从强音开始拿起一组，让幼儿看发声筒底部的控制错误标记，提问幼儿："你发现了什么？"

⑦ 将发声筒依次有序归位。

错误控制：儿童通过听觉辨识声音的差异和变化。

Part 4

味觉部分

味觉瓶

教具介绍：制作4种基本味道的溶液，各2瓶，共8瓶。每瓶附一只滴管，全部放在托盘中。另外准备漱口用的杯子、毛巾、小勺。在成对的瓶子底下贴相同的记号。

直接目的

发展辨别基本味觉的能力。

间接目的

① 了解各种各样的味道。
② 促进观察力及判断力。

第一次展示　各种味道的辨别

建立概念

酸的，甜的，咸的。

方法：

① 教师将味觉瓶取出，摆放在工作毯上的垫布上。（图1）
② 教师将甜味味觉瓶中的液体用滴管滴在勺子里，请幼儿品尝，并建立概念“甜的”。（图2）
③ 请幼儿漱口。
④ 用同样的方法请幼儿依次品尝其他味觉瓶中的液体味道，并建立概念。
⑤ 将味觉瓶依次有序归位。

图 1

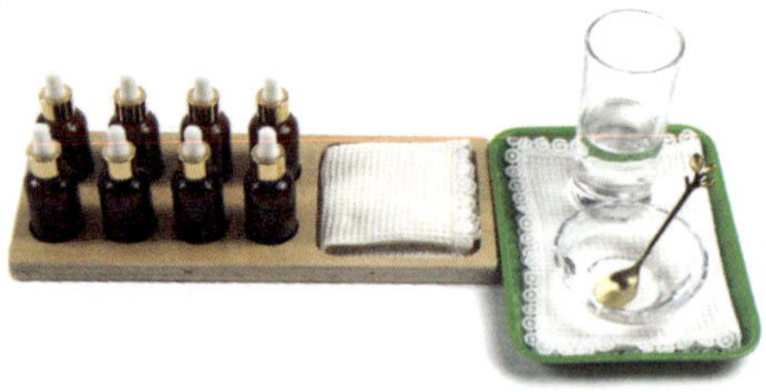

图 2

第二次展示　相同味道的配对

方法：

① 将味觉瓶取出，摆放在工作毯的垫布上。

② 将一种味觉瓶中的液体用滴管滴在勺子里请幼儿品尝，并把味觉瓶排列在垫布上。

③ 请幼儿漱口。

④ 用同样的方法请幼儿依次品尝其他味觉瓶中的液体味道，找出相同味道的味觉瓶进行配对。

⑤ 教师请幼儿观察味觉瓶底部的控制错误标记。（图3、图4）

⑥ 将味觉瓶依次有序归位。

图 3

图 4

错误控制：儿童通过味觉辨识味道的差异和变化。

Part 5

嗅觉部分

嗅觉筒（瓶）

教具介绍：托盘中放6个木制圆筒（瓶），其中放有各种自然香料，如玫瑰、月桂、陈皮、八角、肉桂、丁香、花椒等，可依照环境不同及季节的转换加以变更。成对的圆筒（瓶）下可贴上相同的记号。

直接目的

① 发展幼儿的嗅觉能力。
② 使幼儿辨别不同与相同的气味。

间接目的

① 了解生活当中存在的气味。
② 体会气味与嗅觉之间的关系。

第一次展示　各种气味的配对练习

方法：

① 教师将嗅觉筒（瓶）取出，摆放在工作毯上。
② 教师拿起一个嗅觉筒（瓶）闻气味，从其他的嗅觉筒（瓶）中，找出气味相同的嗅觉筒（瓶），配对摆放在工作毯上。（图1）
③ 用同样的方法进行其他嗅觉筒（瓶）的配对练习。

图 1

④ 教师拿起一组，让幼儿观察嗅觉筒（瓶）底部的控制错误标记。（图2）

⑤ 将嗅觉筒（瓶）依次有序归位。

图 2

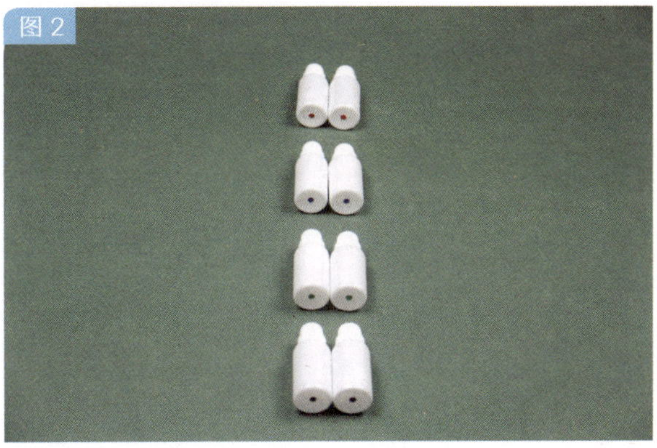

延伸活动 1　各种味道的序列练习

教具介绍：托盘中放4～6个木制圆筒（瓶），每个圆筒装有一种自然香料，如玫瑰、月桂、陈皮、八角、肉桂、丁香、花椒等，可依照环境不同及季节的转换加以变更。每个圆筒内的材料一样，数量不同，气味呈现从浓到淡的变化，圆筒底部标有从大到小的记号。

方法：

① 将绿色嗅觉筒（瓶）取出，摆放在工作毯上。

② 教师拿起一个嗅觉筒（瓶）闻气味，从其中找出气味最浓的嗅觉筒（瓶）排在前面。

③ 将嗅觉筒（瓶）从浓的气味到淡的气味依次排列。

④ 教师请幼儿观察嗅觉筒（瓶）底部的控制错误标记。

⑤ 将嗅觉筒（瓶）依次有序归位。

延伸活动 2　配对、序列练习

教具介绍：托盘中放2组木制圆筒（瓶），每组4~6个。每个圆筒装有一种自然香料，如玫瑰、月桂、紫苏、陈皮、八角、肉桂、丁香等，可依照环境不同及季节的转换加以变更。绿色组圆筒内的材料一样，数量不同，气味呈现从浓到淡的变化；红色组圆筒的材料与第一组完全相同。每组圆筒底部标有相应从大到小的记号。

方法：

① 将绿色嗅觉筒（瓶）取出，摆放在工作毯上。

② 将绿色嗅觉筒（瓶）按从浓的气味到淡的气味的顺序排列。

③ 将红色嗅觉筒（瓶）取出，摆放在工作毯上。

④ 拿起绿色组中气味最浓的嗅觉筒（瓶）闻气味，从红色组嗅觉筒（瓶）中找出与它一样的气味的嗅觉筒（瓶），并配对。

⑤ 按照气味从浓到淡的顺序，从红色组嗅觉筒（瓶）中找出相同气味的嗅觉筒（瓶）进行配对。

⑥ 从浓的气味开始，拿起一组让幼儿看嗅觉筒（瓶）底部的错误控制标记，提问幼儿：“你发现了什么？”

⑦ 将嗅觉筒（瓶）依次有序归位。

错误控制：儿童通过嗅觉辨识味道的差异和变化。

爱和自由教师工具书

终生财富之
日常生活

爱和自由教师成长工作室　编

中国妇女出版社

图书在版编目（CIP）数据

爱和自由教师工具书．终生财富之日常生活 / 爱和自由教师成长工作室编．-- 北京 ：中国妇女出版社，2021.4

ISBN 978-7-5127-1911-8

Ⅰ．①爱… Ⅱ．①爱… Ⅲ．①学前教育－教学参考资料 Ⅳ．①G613

中国版本图书馆CIP数据核字（2020）第191102号

爱和自由教师工具书——终生财富之日常生活

作　　者：爱和自由教师成长工作室　编
责任编辑：王　琳
封面设计：李　甦
责任印制：王卫东
出版发行：中国妇女出版社
地　　址：北京市东城区史家胡同甲24号　　邮政编码：100010
电　　话：（010）65133160（发行部）　　65133161（邮购）
网　　址：www.womenbooks.cn
法律顾问：北京市道可特律师事务所
经　　销：各地新华书店
印　　刷：北京中科印刷有限公司
开　　本：210×290　1/16
印　　张：5.25
字　　数：95千字
版　　次：2021年4月第1版
印　　次：2021年4月第1次
书　　号：ISBN 978-7-5127-1911-8
定　　价：168.00元（全4册）

在日常生活中形成人格

文 / 孙瑞雪

日常生活训练的目的先要从儿童自身的状态说起。儿童刚出生的时候，仅仅是个自然属性的生物人，因为他不具备精神性和社会性，也没有形成人格。而这个生物的人，还是一个没有人照顾就会死亡的人，所以生存对这个生物的人来说就是首要的问题。

虽然这个生物的人具备发展、心智上的巨大潜能，但在初始阶段，一切仍尚未得到发展。而这个生物的人要成为一个具有独立人格的人，成为一个兼具社会性和精神性的人，还必须借助于环境来成长自己。最重要的一个环境便是日常生活的环境。

每个人都依托于日常的生活活着，依靠日常生活使我们这个生物体得以维系和发展。儿童更是如此，他们借助日常生活环境中的人、事、物，透过自由地选择进入日常生活的某类活动中，将精神胚胎逐步实体化。

我想强调的是，0 ~ 6 岁不是为了上小学做准备。通常人们认为小学的心智是为中学做准备，中学的心智是为进入社会做准备的。但 0 ~ 6 岁完全不同，唯独 0 ~ 6 岁是为人的一生做准备的。

新生儿没有对事物的概念，不知道妈妈、爸爸、奶奶，不知道杯子、桌子、床，这些生存的基本概念都不知道。只有通过日常生活，在生活中与这些事物发生互动，这些基本的概念才逐渐建立起来。

与此同时，儿童还必须依靠自己的能力，在日常生活中学会照料自己。儿童从一开始不会用手抓握，到能自己抓握，能自己抱着奶瓶喝奶，拿杯子喝水，能自己穿衣服、穿鞋……一方面是基于生存，儿童要逐渐脱离成人不照顾他就会死亡的这个状态；另一方面，在这个过程中，儿童自我管理、自我控制、自我保护，自主、独立的人格特质开始形成，儿童更加独立、自信，有责任感、荣誉感，有秩序……

生命的头六年中，儿童透过在日常生活中建立起的概念、形成的技能，为一生形成健全的人格打下基础。日常生活的秩序也形成了内在心智的秩序。

日常生活训练是对儿童日常家庭生活有意识的完善与补充。它非常具体：如何拿东西？如何擦屁股？如何打喷嚏？如何归位物品？如何翻书？如何保存物品？如何浇花？如何倒垃圾？……有了日常生活训练，儿童就有了充分参与到生活中的能力和状态。透过对这些非常具体的事情的把握，儿童建立起安全感、归属感，拥有了修养、独立、信心和价值，儿童会感受到他是家庭中的一员、社会中的一员。这样，一个生物的人被归属到了社会中，一个生物的人逐渐转变为兼具家庭性、社会性、精神性的人。

所以生活就是教育，教育蕴含在生活之中。这是爱和自由教育中所强调的“完整的成长”历程里很重要的一个基础。

目录

Contents

作　者：爱和自由教师成长工作室

孙瑞雪教育机构是以教育家孙瑞雪、安长喜所带领的一群幼儿教育专家共同组织、搭建的幼儿教育平台。该平台一直致力于研究和实践并行地推进中国幼儿教育发展事业，在北京、深圳、上海、广州、宁夏建立了教学实践基地，并在教学基地内成立了爱和自由教师成长工作室，至今已经开展了25年的教师职业培训，为儿童教育事业输出了大量优秀的幼儿教师、小学教师、儿童教育讲师。

编委团：薛　梅　梁永玉　田静娴

插图示范：吕冰清　匡雪田　杨玉萍　吴玥瑶

摄　影：吴　烨　杨志婷

Part

1

生活礼节，社交行为

目的

a．培养儿童与人交往的能力，促进儿童社会性的发展。

b．通过生活礼节的练习，为儿童适应社会生活做准备。

如何打招呼

目的

① 儿童学会如何和他人打招呼。
② 儿童学会生活中的社交礼仪。
③ 培养儿童与人交往的能力。

建立概念

打招呼。

方法：

教师蹲下来，眼睛注视幼儿，面带微笑，声音自然、真诚地向幼儿说“你好”“早晨好”等问候语。（图 1，图 2）

要点

① 教师神态自然，与幼儿平视，有爱的连接。
② 教师语气自然，真诚。

图 1

图 2

如何表达感谢

目的

① 培养儿童学会在适当的情景中表达“谢谢”。

② 儿童学习生活中的社交礼仪。

③ 培养儿童与人交往的能力。

建立概念

感谢。

方法：

教师蹲下来，眼睛注视幼儿，面带微笑，声音自然、真诚地向幼儿说“谢谢”“非常感谢”等感谢语。（图 1，图 2，图 3）

要点

① 教师神态自然，与幼儿平视，有爱的连接。

② 教师语气自然，真诚。

图 1

图 2

图 3

如何向他人道歉

目的

① 培养儿童学会在适当的情景中，表达“对不起”。

② 儿童学习生活中的社交礼仪。

③ 培养儿童与人交往的能力。

建立概念

道歉。

方法：

教师蹲下来，眼睛注视幼儿，真诚地向幼儿说“对不起”“很抱歉”等道歉语。（图 1）

图 1

要点

① 教师神态自然，与幼儿平视，有爱的连接。

② 教师语气自然，真诚。

如何开关门

目的

① 儿童学会轻缓、有意识地开门、关门。

② 帮助儿童建立尊重环境的意识。

建立概念

门把手，开，关。

材料：门。

方法：

开门

① 伸出一只手，大拇指与其他手指分开，其余四指并拢，与大拇指呈90度角。（图1）

② 握住门把手，轻缓地把门打开些许，观察一下门后是否有人，再把门完全打开。（图2，图3）

关门

① 伸出一只手，大拇指与其他手指分开，其余四指并拢，与大拇指呈90度角。

② 握住门把手，观察一下门后是否有人，轻缓地把关门上。

要点

① 身体动作要轻缓。

② 开关门时，要有意识观察门后是否有人，以保障安全。

图 1

图 2

图 3

如何咳嗽、打喷嚏、打哈欠

目的

① 儿童学会用正确的方式咳嗽、打喷嚏、打哈欠。
② 帮助儿童养成健康的卫生习惯。
③ 帮助儿童建立尊重别人、尊重环境的意识。

建立概念

咳嗽，喷嚏，哈欠。

材料：托盘，纸巾盒，纸巾，垃圾桶。

方法：

① 教师伸出右手，四指并拢，与大拇指呈90度角，用左手食指触摸虎口；用手遮住口鼻，并将头部微低转向一侧。（图1，图2）
② 左手抽取一张纸巾，擦拭右手手掌，然后双手将纸巾折叠，再次擦拭。
③ 将纸巾折好放入垃圾桶。

图1

图2

要点

身体动作要轻缓，避免影响他人和环境。

如何坐——面前有桌子

目的

① 儿童学会轻缓、优雅、有意识地坐椅子。
② 发展儿童的身体协调能力，为以后的社会生活做准备。

建立概念

坐。

材料：桌子，椅子。

方法：

① 教师微微弯下身体，双手稍用力抓住椅背，轻轻地提起椅子，将椅子从桌子下面拉出，找到合适的距离，轻缓地放下椅子。
② 教师松开双手，直起身体，向前走两步绕到椅子前面，用右脚跟轻触椅脚，感觉椅子的位置。（图1）
③ 教师轻缓地坐在椅子上，背挺直，腰部微微贴住椅背坐好，将膝盖合拢，双手自然地放在大腿上，调整坐姿。（图2）

图 1
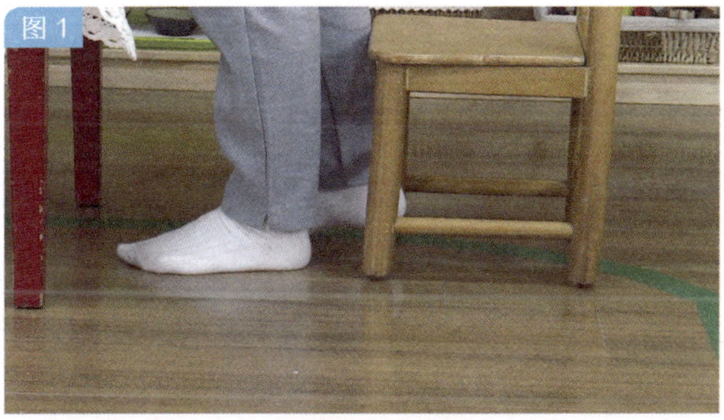

图 2

如何坐——面前没有桌子

建立概念

坐。

材料：椅子。

方法：

① 教师向前走几步绕到椅子前面。

② 用右脚跟轻触椅脚，感觉椅子的位置。（图1）

③ 轻缓地坐在椅子上，背挺直，腰部微微贴住椅背坐好，将膝盖合拢，双手自然地放在大腿上，调整坐姿。（图2）

图 1

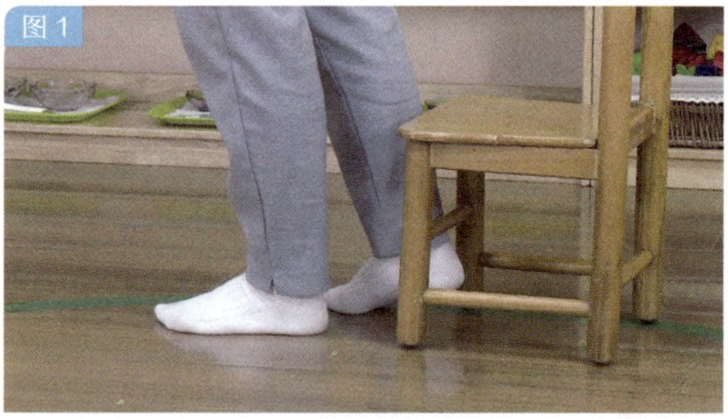

图 2

要点

① 要有意识地感觉身体与椅子的位置，平稳而安全地坐在椅子上。

② 坐姿要优雅而得体。

如何走路

目的

① 儿童学会在教室里轻声、缓慢、平稳地行走。

② 帮助儿童形成尊重环境的意识。

建立概念

轻缓，行走。

方法：

教师两手自然下垂，放在身体两侧，眼睛正视前方，稳住重心，一步一步地轻缓行走（图 1、图 2）。

图 1

图 2

要点

① 身体要自然和放松。

② 走路时的声音及速度要轻缓，避免影响他人和环境。

如何归位物品

目的

① 儿童学会拿取物品后要归回原位。
② 发展儿童的专注力、身体协调能力。
③ 帮助儿童建立照顾环境、尊重环境的意识。

建立概念

归位。

材料：物品。

方法：

① 教师面对物品，微微欠身，双手握住物品两边的边缘，每只手都是大拇指在上，其他四指在下。（图1）
② 教师将物品托起至胸前，两手握住物品的边缘，水平地拿稳。（图2）
③ 教师在指定的地方以水平的动作轻轻放下物品，不要发出声音。（图3）

要点

① 动作要轻缓、精确。
② 注意身体的协调性。

图 1

图 2

图 3

如何打断别人的工作并参与

目的

① 儿童学会礼貌地征得别人的同意后，参与别人的工作。
② 儿童学习生活中的社交礼仪。
③ 培养儿童与人交往的能力。

建立概念

打断。

方法：

① 教师与幼儿保持适当距离，观察幼儿的活动，等待合适时机介入。
② 教师轻轻走到幼儿旁边蹲下，等待幼儿有反应后，眼睛注视着幼儿说："对不起，打扰一下，请问我可以和你一起工作吗？"（图1，图2）
③ 幼儿表示同意后，教师方可和幼儿一起活动。（图3）

图 1

图 2

图 3

要点

① 教师对情景要有敏锐的觉察。
② 要把握介入的时机。
③ 教师对他人和自己的状态要有觉知。

如何打断别人的谈话

目的

① 儿童学会用尊重的话语或动作，适时打断别人的谈话。
② 儿童学习生活中的社交礼仪。
③ 培养儿童与人交往的能力。

建立概念

打断，谈话。

方法：

① 教师与幼儿保持适当距离，观察幼儿的活动，等待合适时机介入。
② 教师轻轻走到幼儿旁边蹲下，等待幼儿有反应后，眼睛注视着幼儿说：“对不起，打扰一下……”（图1，图2）

图1

图2

要点

① 教师对情景要有敏锐的觉察。
② 要把握介入的时机。
③ 教师对他人和自己的状态要有觉知。

Part

2

动作协调性练习

目的

a．发展儿童大、小肌肉及手眼的协调，促进智能的发展。

b．为儿童未来的握笔及书写做准备。

五指抓

目的

① 发展儿童五指抓的能力。
② 发展儿童的手眼协调能力。
③ 培养儿童的专注力。

建立概念

五指，抓。

材料：托盘，2个碗，豆子。（图1）

图 1

方法:

① 教师把2个碗从托盘中轻缓取出，放在工作毯中间，托盘放在工作毯的右下方。

② 教师伸出右手，五指分开，翻转右手，慢慢将手放到左边的碗中，抓起一把豆子，握紧，稍作停顿，然后慢慢地将豆子平移至另一个碗口，松开五指，使豆子落入碗中。（图2，图3，图4）

③ 用同样的方法将所有的豆子抓完，最后的豆子可用三指或二指抓。

④ 再用同样的方法将豆子抓回原来的碗中。

⑤ 把2个碗放回托盘内。

图 2

图 3

图 4

要点

① 注意 2 个碗之间要有适当的距离。

② 要有五指抓的分解动作。

③ 动作要轻缓及准确。

三指抓

目的

① 发展儿童三指抓的能力。
② 发展儿童的手眼协调能力。
③ 培养儿童的专注力。

建立概念

三指，抓。

材料：托盘，2个碗，核桃。（图1）

方法：

① 教师把2个碗从托盘中取出，放在工作毯中间，托盘放在工作毯的右下方。
② 教师伸出右手，无名指和小拇指收回，翻转右手，慢慢将手放入左碗中，轻轻抓起核桃，抓紧，稍作停顿，然后慢慢地将核桃平移至另一个碗口，松开三指，将核桃放入碗中。（图2，图3）
③ 用同样的方法将所有的核桃抓完。
④ 再用同样的方法将核桃抓回原来的碗中。
⑤ 把2个碗放回托盘内。

要点

① 要有三指抓的分解动作。
② 动作要轻缓及准确。

图1

图2

图3

二指捏

目的

① 发展二指捏的动作协调能力。
② 增强儿童的手眼协调能力。
③ 培养儿童的专注力。

建立概念

二指，捏，插。

材料：托盘，棋盒，棋子，小碟子。（图1）

方法：

① 教师把棋盒、棋子从托盘中取出，放在工作毯中间，棋盒放在左边，棋子放在右边。
② 教师伸出右手，中指、无名指和小拇指收回，翻转右手，用二指捏起一个棋子，对准棋盒上的小孔，稍作停顿，将棋子插入孔中。（图2，图3，图4）
③ 用同样的方法将所有的棋子插入棋盒。
④ 全部棋子插完后，将棋子归位回小碟子中。
⑤ 把棋盒和小碟子放回托盘内。

要点

① 要有二指捏的分解动作。
② 动作要轻缓及准确。

图 1

图 2

图 3

图 4

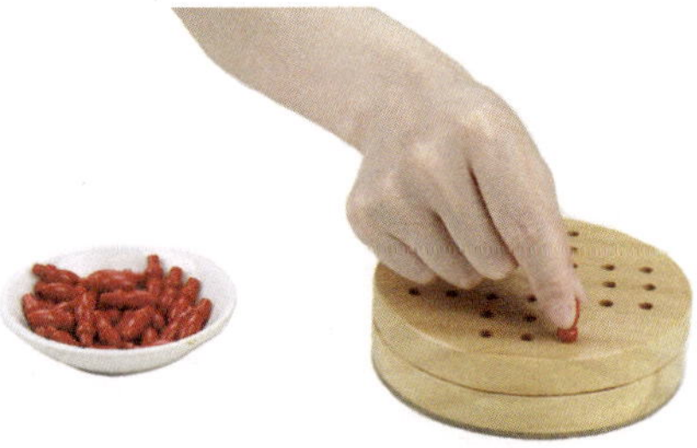

一指按

目的

① 发展一指按的能力。

② 发展儿童手眼协调的能力。

③ 培养儿童的专注力。

建立概念

一指，按。

材料：托盘，木松板，小碟子，工字钉。（图1）

图 1

方法：

① 教师将木松板、工字钉取出，将托盘放在工作毯右下方。

② 取出一个工字钉，轻轻插在木松板上。（图2）

图 2

③ 教师伸出右手，食指、中指、无名指和小拇指收回，翻转右手，将大拇指按在工字钉上，稍稍用力按下去，直至钉子完全被按入木松板中。（图3，图4）

④ 用同样的方法将工字钉全部按入木松板中。

⑤ 工字钉全按完后，将工字钉归位到小碟子中。

⑥ 把木松板和小碟子放回托盘内。

图 3

图 4

要点

① 要有一指按的分解动作。

② 动作要轻缓及准确。

倒的工作——倒固体(没有把儿的杯子)

目的

① 发展儿童手部小肌肉的灵活性和控制力。
② 发展儿童的手眼协调能力。
③ 培养儿童的专注力。

要点

① 要有五指的分解动作。
② 动作要轻缓及准确。

建立概念

倒。

材料：托盘，没有把儿的透明玻璃杯2个，玉米碎。（图1）

方法：

① 教师把杯子从托盘中取出，放在工作毯中间，托盘放在工作毯的右下方。
② 教师伸出右手，四指并拢，与大拇指呈90度角，握住杯子，轻缓端起，另一只手托住杯底，慢慢移到另一个玻璃杯旁，杯口靠近杯口，将手轻轻抬起、倾斜，身体随手的变化微倾，把玉米碎缓缓倒入杯子里，倒完后将杯子放下。（图2，图3）
③ 用同样的方法把玉米碎倒回另一个杯子里。
④ 把杯子放回托盘内。

图 1

图 2

图 3

倒的工作——倒固体（有把儿的杯子）

建立概念

倒。

材料：托盘、有把儿的透明玻璃杯2个，豆子。（图1）

方法：

① 教师把杯子从托盘中取出，放在工作毯中间，托盘放在工作毯的右下方。

② 教师伸出右手，无名指和小拇指收回，其余三指握住杯子的手把，轻缓端起，另一只手托住杯底，慢慢移到另一个杯子旁，杯口靠近杯口，将手轻轻抬起、倾斜，身体随手的变化微倾，把豆子缓缓倒入杯子里，倒完后将杯子放下。（图2，图3）

③ 用同样的方法把豆子倒回另一个杯子里。

④ 把杯子放回托盘内。

要点

① 要有三指的分解动作。

② 动作要轻缓及准确。

图1

图2

图3

倒的工作——倒液体（有把儿的杯子）

目的

① 发展儿童手的灵活性，增强双手配合的能力。
② 发展儿童肢体协调的能力。
③ 培养儿童的独立性。

要点

① 要有三指的分解动作。
② 动作要轻缓、准确。
③ 结束后要把桌面清理干净。

建立概念

倒。

材料：托盘，有把儿的透明玻璃杯2个，水，海绵。（图1）

图1

方法：

① 教师把杯子从托盘中取出，放在桌子中间。
② 教师伸出右手，无名指和小拇指收回，三指握住杯子的把手，轻缓端起，另一只手托住杯底，慢慢移动到另一个杯子旁，杯口靠近杯口，将手轻轻抬起、倾斜，身体随手的变化微倾，把水倒入杯子里。待水倒完后，慢慢旋转一下杯子，再将杯子放回原位。（图2，图3）
③ 用同样的方法把水倒入另一个杯子里。
④ 把杯子放回托盘内。
⑤ 用海绵按照从上到下、从左到右的顺序，将洒出来的水擦拭干净，然后归位海绵。

图2

图3

舀的工作——舀固体

目的

① 儿童学会使用勺子。
② 精确儿童三指握及舀的能力。
③ 发展儿童的手眼协调能力。

要点

① 要有三指握的分解动作。
② 动作要轻缓、准确。
③ 舀的时候豆子不能一次舀得过多，避免撒出。

建立概念

舀。

材料：托盘，2个碗，勺子，豆子。（图1）

方法：

① 教师把碗、勺子从托盘中取出，放在工作毯中间，托盘放在工作毯的右下方。
② 教师左手轻缓拿起勺子，伸出右手，小拇指和无名指收回，用三指握住勺子，移至碗中，轻缓舀起约三分之二勺的豆子，稍作停顿，然后轻轻地提起。（图2）
③ 将勺子缓慢移至空碗的碗口，稍作停顿，将勺子微微倾斜，把豆子轻轻倒入碗内。（图3）
④ 用同样的方法重复以上操作，直至将豆子全部舀到另一个碗中。
⑤ 再用同样的方法将豆子舀回原来的碗中。
⑥ 把碗、勺子依次放回托盘内。

图1

图2

图3

舀的工作——舀液体

建立概念

舀。

材料：托盘，水盒，勺子，海绵。（图1）

图 1

方法：

① 教师左手轻缓拿起勺子，伸出右手，小拇指和无名指收回，用三指握住勺子，移至水盒中，轻缓舀起约三分之二勺的水，稍作停顿，然后轻轻地提起。（图2）

图 2

② 将勺子缓慢移至空的水盒内，稍作停顿，将勺子微微倾斜，把水倒入盒内。（图3）

图 3

③ 用同样的方法重复以上操作，直至把水全部舀到另一个盒中。

④ 再用同样的方法把水舀到原来的盒中。

⑤ 把勺子放回托盘内。

⑥ 用海绵以顺时针的方向擦拭托盘边缘。

要点

① 要有三指握的分解动作。

② 动作要轻缓及准确。

③ 如有溢出的水，要用海绵清理干净。

挤海绵

目的

① 精确儿童五指抓及挤的动作。
② 发展儿童手眼及肢体协调的能力。
③ 培养儿童的专注力。

建立概念

挤。

材料：托盘，水盒，2块海绵。（图1）

方法：

① 教师取一块海绵，轻缓地放入水盒中，双手稍稍用力按压海绵，待海绵充分吸水后，松开双手让海绵浮起。（图2）

图 1

图 2

② 右手抓住海绵上方，左手轻轻托住海绵，稍作停顿，海绵不滴水后，将其快速平移至另一个水盒，双手握住海绵，悬空在水盒上方，用力挤压，直至将海绵里的水完全挤出。（图3，图4）

③ 用同样的方法重复以上操作，把水挤到另一个水盒中。

④ 用另一块海绵以顺时针的方向擦拭托盘及桌面。

图 3

图 4

要点

① 动作要轻缓及准确。

② 如有溢出的水，要用海绵清理干净。

捞的工作

目的

① 发展儿童手部肌肉的控制力。
② 发展儿童手眼协调能力及对应的观察力。
③ 培养儿童的专注力。

建立概念

捞。

材料：托盘，水盒，漏勺，沉的物体（贝壳、石头、玻璃球），浮的物体（乒乓球），海绵。（图1）

图 1

方法：

① 教师将沉和浮的物体分别轻缓地倒入水盒中。

② 左手拿起漏勺，伸出右手，小拇指和无名指收回，用三指握住漏勺，将漏勺伸入水盒中，慢慢捞起物体，将捞起的物体轻缓倒入小碗中。（图2，图3，图4，图5）

③ 用同样的方法将全部的物体捞出，分类倒入小碗中。

④ 用海绵以顺时针的方向擦拭托盘和桌面。

要点

① 要有三指握的分解动作。

② 动作要轻缓及准确。

③ 如有溢出的水，要用海绵清理干净。

图 2

图 3

图 4

图 5

夹的工作——使用食物夹

目的

① 精确儿童三指握的动作。
② 提高儿童手眼协调的能力。
③ 培养儿童的专注力。
④ 培养儿童的独立性。

建立概念

夹，夹子。

材料：托盘，夹子，碗，豆子。（图1）

方法：

① 教师将碗、夹子从托盘中取出，放在工作毯中间，托盘放在工作毯的右下方。
② 教师左手拿起夹子，伸出右手，大拇指与其他手指分开，其余四指合拢，握住夹子，将夹子伸入碗中，稍稍用力夹起豆子，稍作停顿，慢慢地将豆子平移至另一个碗的中央处，轻轻松开夹子，将豆子放入碗中。（图2，图3）
③ 用同样的方法将所有的豆子夹完。
④ 再用同样的方法将豆子夹到原来的碗中。
⑤ 把碗和夹子放回托盘内。

要点

① 要有三指握的分解动作。
② 动作要轻缓、准确。

图 1

图 2

图 3

夹的工作——使用镊子

建立概念

镊子，抓握，夹。

材料：托盘，碟子，扣子，镊子。（图1）

方法：

① 教师将碟子、镊子从托盘中取出，放在工作毯中间，托盘放在工作毯的右下方。

② 教师左手拿起镊子底部，伸出右手，把小拇指和无名指收回，三指抓握住镊子，伸入碟子中，稍稍用力夹起一颗扣子，稍作停顿，慢慢地将扣子平移至另一个碟子的中央处，轻轻松开，将扣子放入碟子中。（图2，图3）

③ 用同样的方法将所有的扣子夹完，分别放进碟子中。

④ 再用同样的方法将扣子依次夹回原来的碟子中。

⑤ 把碟子、镊子依次放回托盘内。

图1

图2

图3

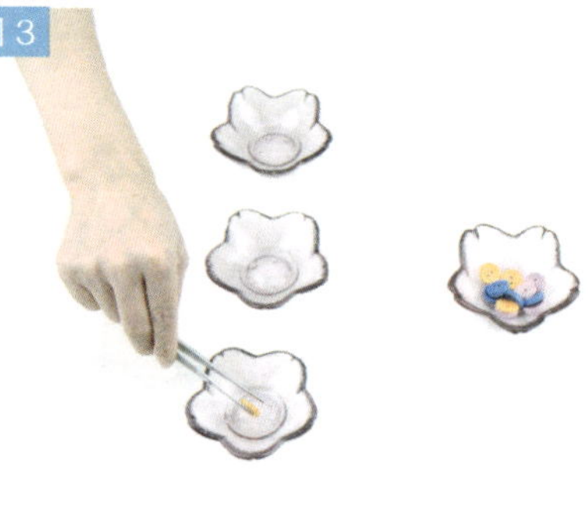

要点

① 要有三指握的分解动作。

② 动作要轻缓、准确。

夹的工作——使用筷子

建立概念

筷子，抓握，夹。

材料：托盘，碗，筷子，通心粉。（图1）

图1

方法：

① 教师将碗、筷子从托盘中取出，放在工作毯中间，托盘放在工作毯的右下方。

② 教师伸出右手，把小拇指和无名指收回，用左手拿起一根筷子，放在右手食指和中指上，大拇指轻轻压住筷子的顶端，再将另一根筷子放在右手食指和中指中间，顶端放在拇指根部，握住筷子，稍作调整。（图2）

③ 将筷子伸入碗中，轻轻夹起通心粉，保持夹紧的动作，将通心粉夹到另一个碗内。（图3，图4）

④ 用同样的方法将所有的通心粉夹完。

⑤ 再用同样的方法将通心粉夹到原来的碗中。

⑥ 把碗、筷子放回托盘内。

图2

图3

图4

要点

① 要有三指握的分解动作。

② 动作要轻缓、准确。

拧的工作

目的

① 精确儿童手部拧的动作。
② 提高儿童手眼协调的能力。
③ 培养儿童的专注力。

建立概念

拧，瓶子，瓶盖。

材料：托盘，4个由大到小的瓶子和相配的瓶盖。（图1）

方法：

① 教师依次将瓶子和瓶盖从托盘里取出，配对摆放于工作毯上，托盘放在工作毯的右下方。
② 教师左手拿起最大的瓶子，伸出右手，五指微微分开，右手翻转，拿起相应的瓶盖，将瓶盖放在瓶子上，双手配合，将瓶盖顺时针旋转、拧紧。（图2，图3）
③ 用同样的方法将所有的瓶子拧好（根据瓶子的大小，可使用五指或三指进行）。
④ 将瓶盖、瓶子按顺序归位到托盘里。

图1

图2

图3

要点

① 要有五指或三指的动作分解。
② 要有进行配对的过程。

敲的工作

目的

① 发展手部肌肉的协调能力。
② 发展手眼的协调能力。

建立概念

敲，锤子，工字钉。

材料：托盘，木松板，工字钉，锤子，小碟子。（图1）

图 1

方法：

① 教师将木松板、工字钉从托盘中取出，放在工作毯中间 ，托盘放在右下方。
② 取出一个工字钉插在木松板上。（图2）
③ 教师左手拿起锤子，伸出右手，大拇指与其他手指分开，其余四指合拢，握住锤子。
④ 将锤头对准工字钉，用力并有节奏地进行敲击，将钉子完全敲入木松板内。（图3，图4）
⑤ 用同样的方法将所有的工字钉敲入木松板内。
⑥ 取下工字钉，放回小碟子中。
⑦ 把碟子、锤子依次放回托盘内。

要点

① 要有手部动作分解。
② 敲钉子时要对自己的行为有觉知，避免伤害到自己。
③ 对环境要有觉知，避免影响到他人。

图 2

图 3

图 4

刺的工作

目的

① 发展儿童手指的协调能力。
② 发展儿童手眼的协调能力及对应的观察力。

要点

① 要有手部动作分解。
② 动作要轻缓、准确。

建立概念

刺。

材料：托盘，刺工笔（或工字钉），画有轮廓线的手工纸，木松板。（图1）

方法：

① 教师将刺工笔、木松板和一张画有轮廓线的手工纸从托盘中取出，放在工作毯中间，托盘放在工作毯右下方。
② 教师伸出右手，小拇指和无名指收起，左手拿起刺工笔放在右手的食指和中指之间，刺工笔上部放在拇指根部，稍作调整，握住刺工笔下方。（图2）
③ 左手固定手工纸，右手用刺工笔沿轮廓线有秩序地刺。（图3）
④ 刺完后，把作品轻轻取下，将废料放入垃圾桶。
⑤ 将刺工笔和木松板归位到托盘里。

图1

图2

图3

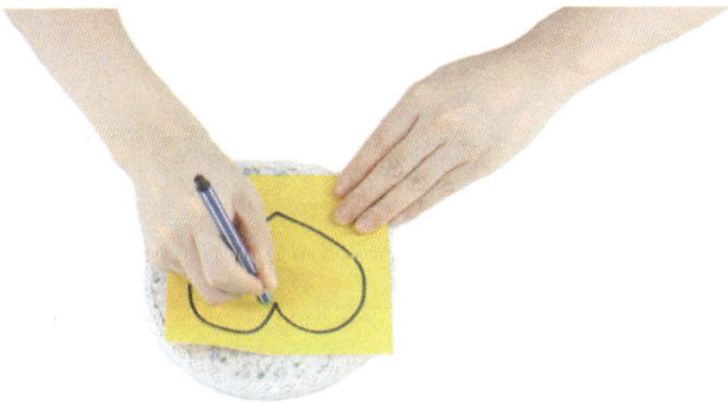

穿珠子

目的

① 精确儿童穿的能力。
② 发展儿童手眼的协调能力及对应的观察力。
③ 培养儿童高度的专注力。

图 1

建立概念

穿，绳头，绳尾。

材料：托盘，细绳，小碗，珠子。（图1）

图 2

方法：

① 教师把小碗、细绳从托盘中取出，放在工作毯中间，托盘放在工作毯右下方。
② 教师左手固定细绳的一端，右手将细绳拉直并触摸，感觉细绳的长度。（图2）

③ 教师伸出右手，将小拇指、无名指、中指收回，用拇指、食指捏住绳头，左手取出一颗珠子，将绳头对准珠子的小孔，稍作停顿，然后将绳头穿过珠子的孔，待绳头穿出后，左手捏住绳头，右手捏住珠子，将珠子轻轻拉至绳尾。（图3，图4，图5）
④ 用同样的方法将所有的珠子穿入细绳。
⑤ 将细绳上的珠子取出，放回到小碗里。
⑥ 把小碗、细绳依次放回托盘内。

要点

① 要有手部动作分解。
② 动作要轻缓、准确。

图 3

图 4

图 5

Part

3

照顾自己

目的

帮助儿童学会照顾自己，形成生活自理能力。

洗手

目的

① 学会用正确的方法洗手。

② 帮助儿童建立良好的生活习惯和照顾自己的意识。

建立概念

洗手，七步洗手法。

材料：洗手液，纸巾。

方法：

① 教师将水龙头打开至合适的水量，将手打湿。

② 取适量的洗手液（或打肥皂）。（图1）

③ 使用七步洗手法洗手。

- 洗手掌：掌心相对，手指并拢相互揉搓。（图2）
- 洗背侧指缝：手心对手背沿指缝相互揉搓，双手交换进行。（图3）
- 洗掌侧指缝：掌心相对，双手交叉沿指缝相互揉搓。（图4）

图 1

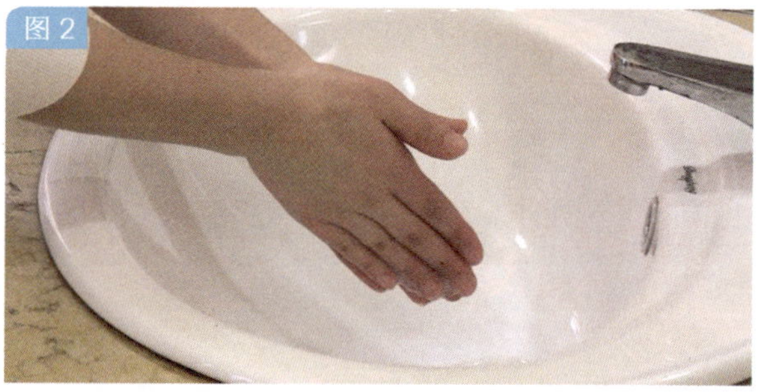
图 2

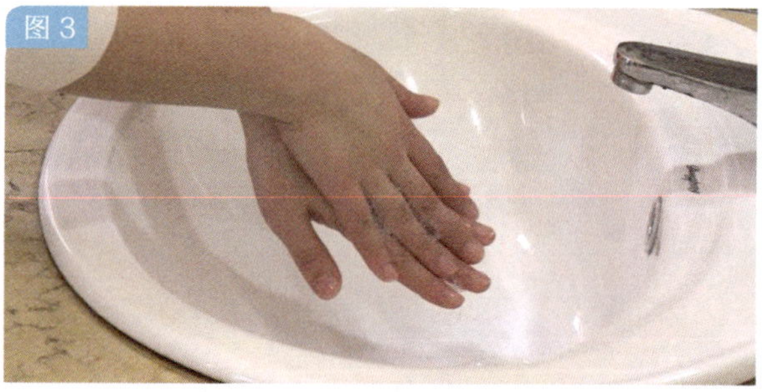
图 3

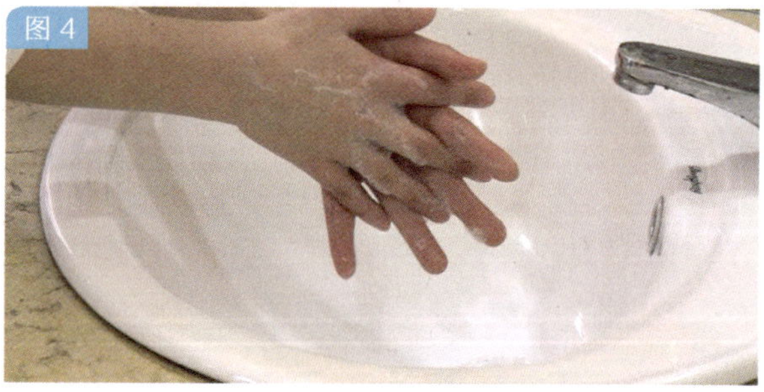
图 4

- 洗指背：弯曲各手指关节，半握拳把指背放在另一手掌心旋转揉搓，双手交换进行。（图5）
- 洗拇指：一手握另一手大拇指旋转揉搓，双手交替进行。（图6）
- 洗指尖：弯曲各手指关节，把指尖合拢在另一手掌心旋转揉搓，双手交替进行。（图7）
- 洗手腕、手臂：揉搓手腕、手臂，双手交替进行。（图8，图9）

③ 打开水龙头，将手冲洗干净。

④ 用纸巾或毛巾将手擦干。（图10）

要点

① 要使用七步洗手法洗手。

② 动作要轻缓、准确。

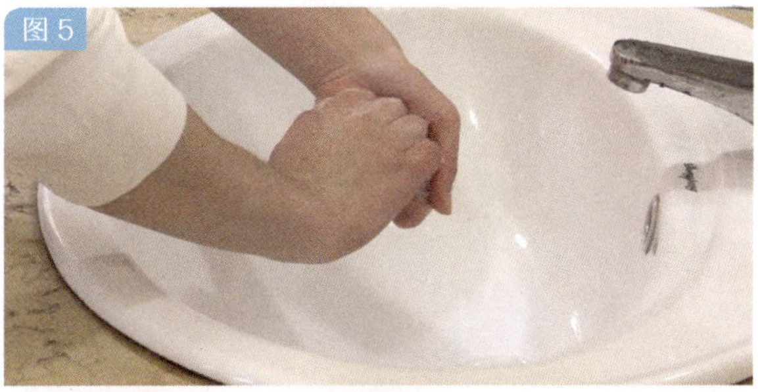
图 5

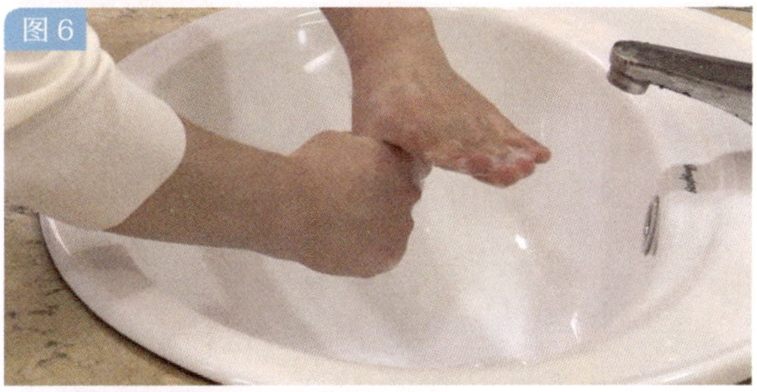
图 6

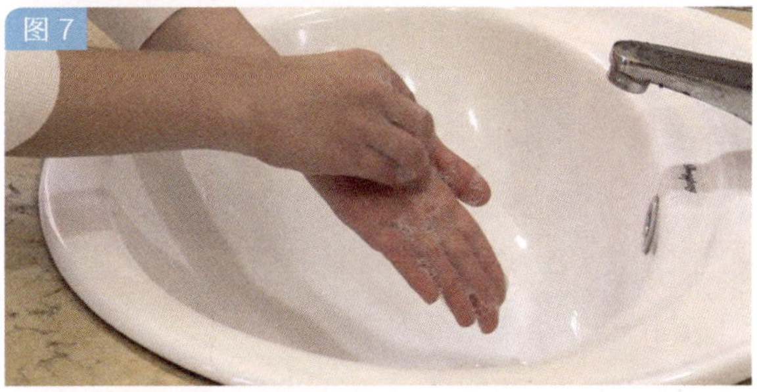
图 7

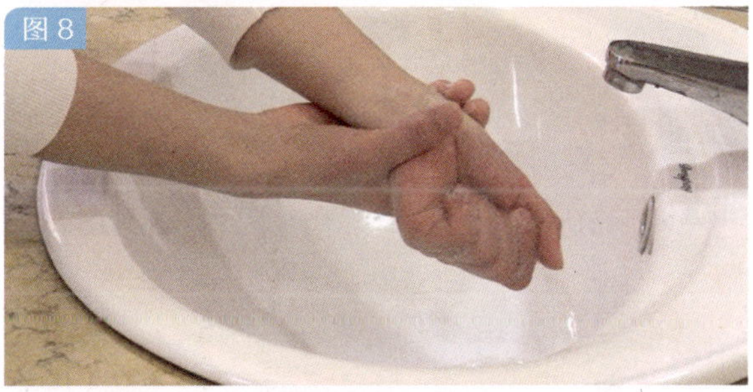
图 8

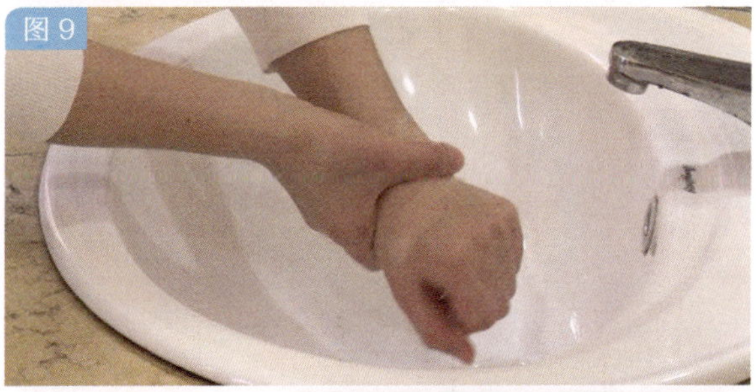
图 9

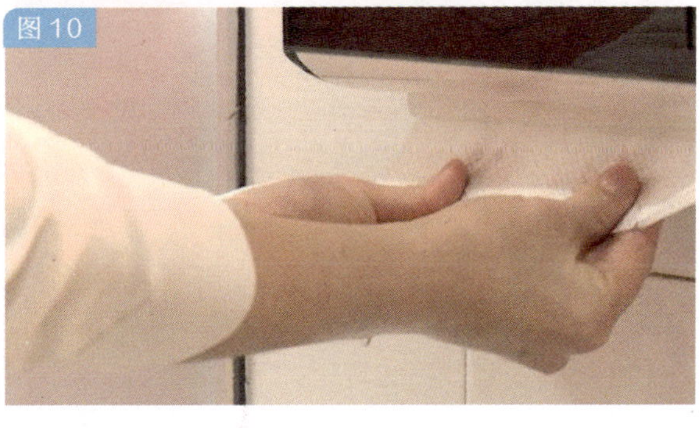
图 10

衣饰框——系纽扣

目的

① 发展儿童手部的控制能力。
② 发展儿童手眼协调的能力。
③ 帮助儿童建立照顾自己的意识，为其独立生活做准备。

图 1

建立概念

系，纽扣，穿，解，拉。

材料：托盘，衣饰框（系纽扣）。（图1）

方法：

解纽扣

- 教师右手大拇指和食指抓住扣眼的边缘，中指将纽扣从扣眼中轻轻推出。（图2）
- 待半个扣子穿出扣眼后，左手抓住纽扣，将纽扣完全从扣眼中脱出。（图3）
- 用同样的方法依次操作下面的纽扣。将纽扣全部解开后，双手将衣襟打开，再合上。

图 2

图 3

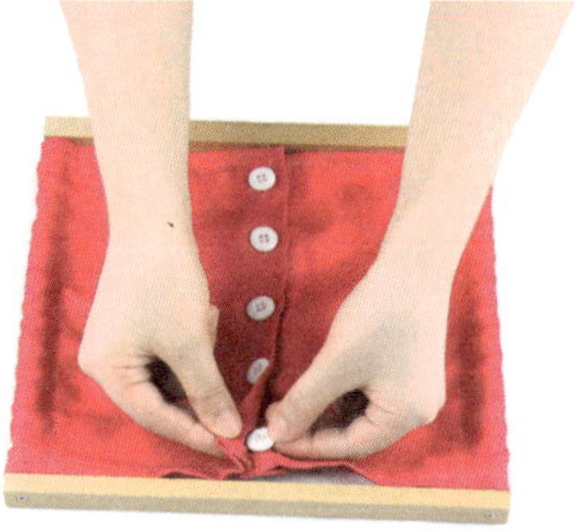

系纽扣

- 把衣襟合上。
- 右手抓住衣襟的边缘。
- 教师伸出左手，无名指和小拇指收回，用三指捏住纽扣，对准扣眼，将纽扣穿过扣眼。（图4）
- 待纽扣穿出半个后，左手抓住衣襟的边缘，右手抓住纽扣，双手配合，将纽扣完全系上。（图5，图6）
- 用同样的方法依次进行其他纽扣的练习。
- 双手配合整理衣襟，使其平整。

图 4

图 5

图 6

衣饰框——系蝴蝶结

建立概念

打结，蝴蝶结。

材料：托盘，衣饰框（系蝴蝶结）。
（图1）

图 1

方法：

解蝴蝶结

- 教师双手将绳子向两端同时拉，解开蝴蝶结，并将每条绳子沿水平方向拉直。（图2）

图 2

系蝴蝶结

- 从上到下，用左手三指捏住右边绳子的末端放于左上方，再用右手捏住左边绳子的末端放于右上方，成交叉状，然后将左边的绳子放于中线位置，用左手三指捏住结扣处，大拇指向外翻，将绳子拉出，双手捏住绳子末端沿水平方向拉直。（图3）
- 用左手三指拿左边绳子中点处，做出拱圈，用右手三指捏住绳子末端，在拱圈处按照逆时针方向缠绕，将绳子朝左手拇指的洞推进去，双手轻轻拉两边拱圈，再将蝴蝶结整理成形，使其更为美观。（图4，图5，图6）

要点

打结的过程要非常缓慢、清晰、准确。

图 3

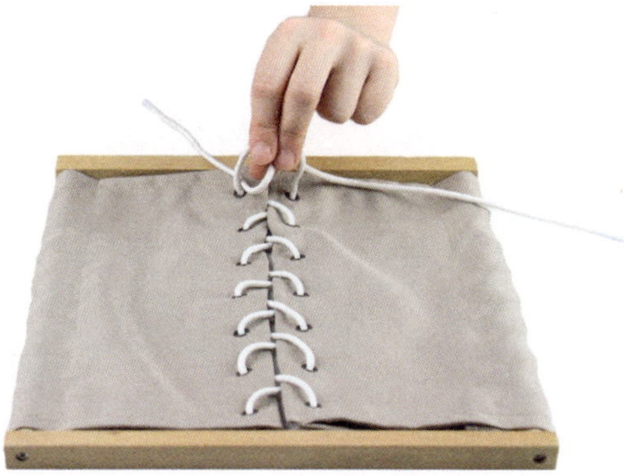

图 4

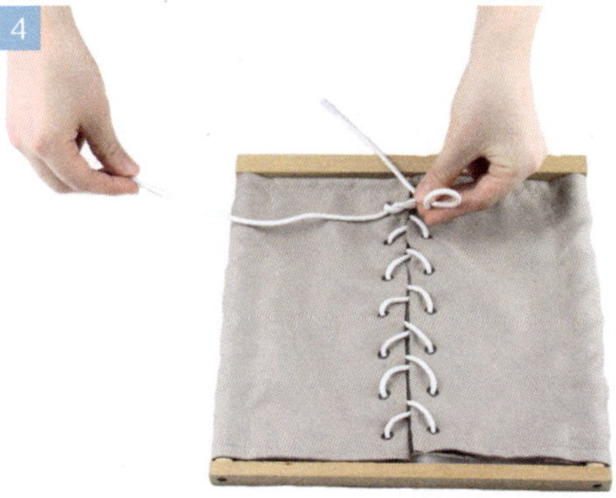

图 5

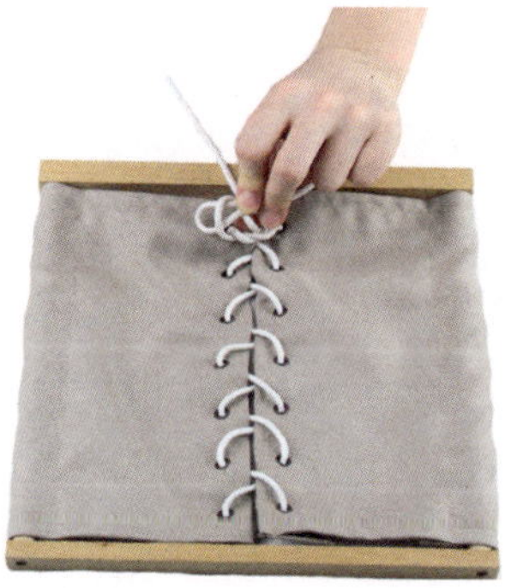

图 6

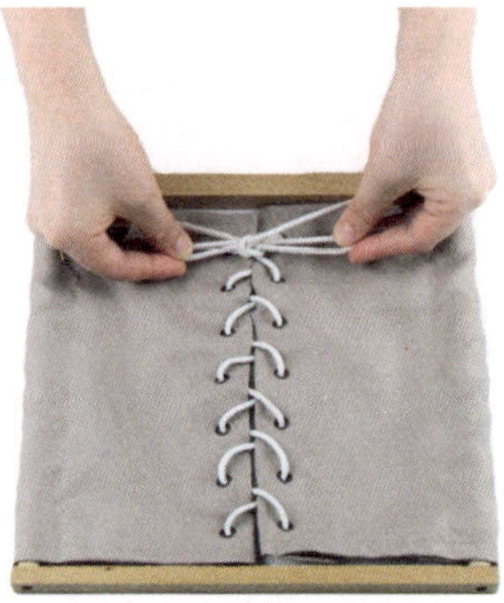

衣饰框——穿鞋带

建立概念

穿，鞋带。

材料：托盘、衣饰框（穿鞋带）。（图1）

方法：

解鞋带

- 教师双手捏住鞋带，向两端同时拉，解开蝴蝶结，将绳子沿水平方向拉直。（图2）
- 由最下面的孔开始左右交替拉出鞋带，直至最后一排。（图3，图4）

图1

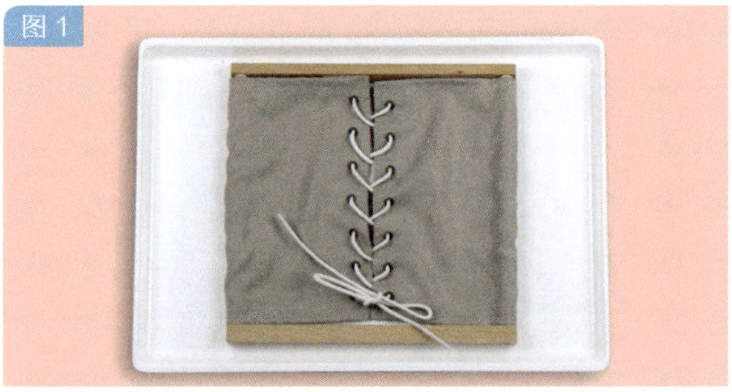

图2

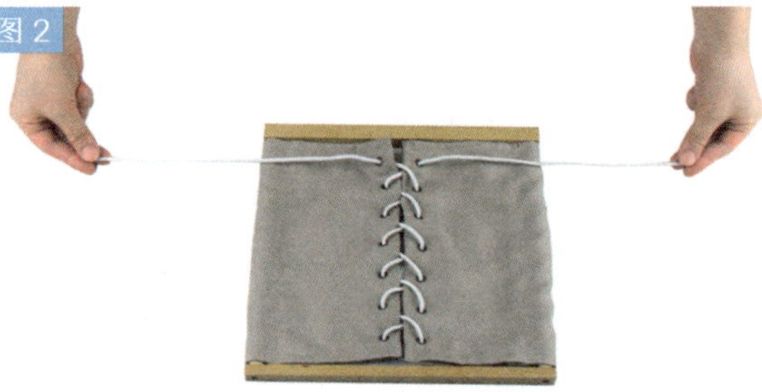

图3

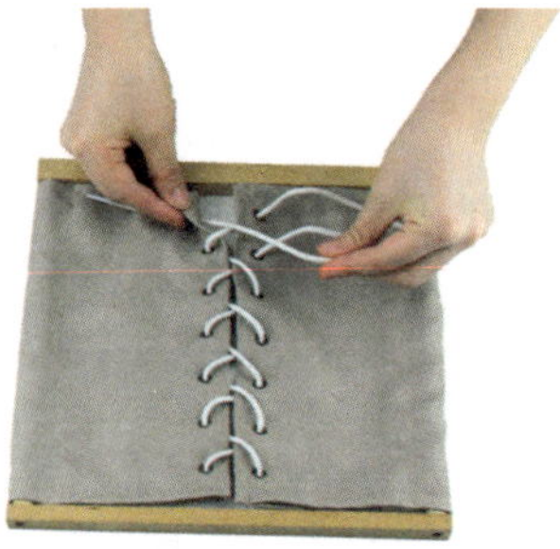

图4

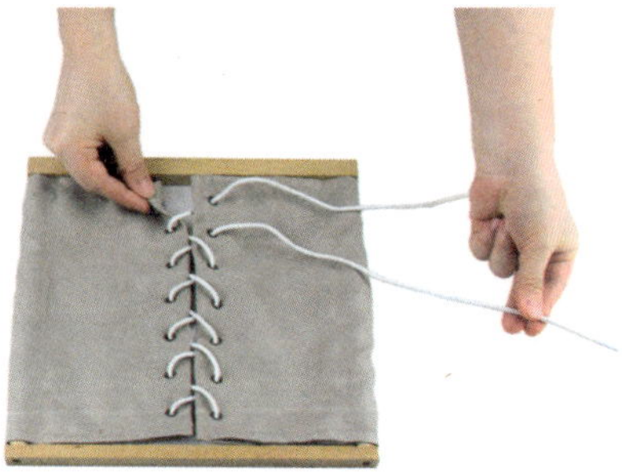

穿鞋带

- 教师伸出右手，无名指和小拇指收起，其余三指捏住鞋带。
- 左手拉起扣眼边缘，右手将鞋带对准扣眼，稍作停顿，从里到外，将鞋带从扣眼中穿出。（图5）
- 待鞋带穿出扣眼后，左手捏住鞋带拉直，将其完全从扣眼中穿出。（图6）
- 伸出左手，无名指和小拇指收起，其余三指捏住鞋带。
- 右手拉起扣眼边缘，左手将鞋带对准扣眼，稍作停顿，从里到外，将鞋带从扣眼中穿出。（图7）
- 待鞋带穿出扣眼后，右手捏住鞋带拉直，将其完全从扣眼中穿出。（图8）
- 反复交叉进行，直至最下面的绳孔穿完为止。
- 将鞋带穿过最后两个孔后，将鞋带打成蝴蝶结。

图5

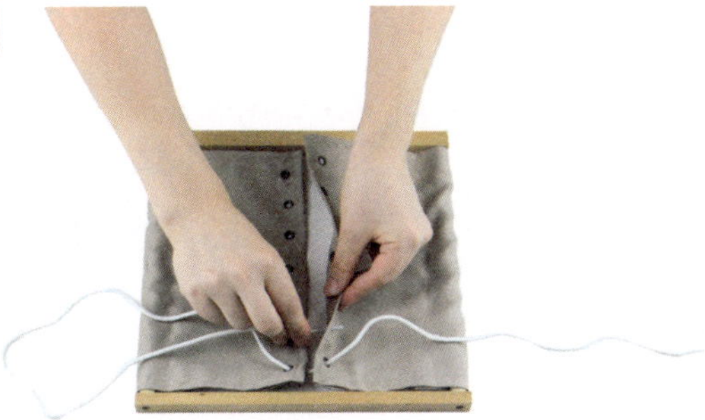

图6

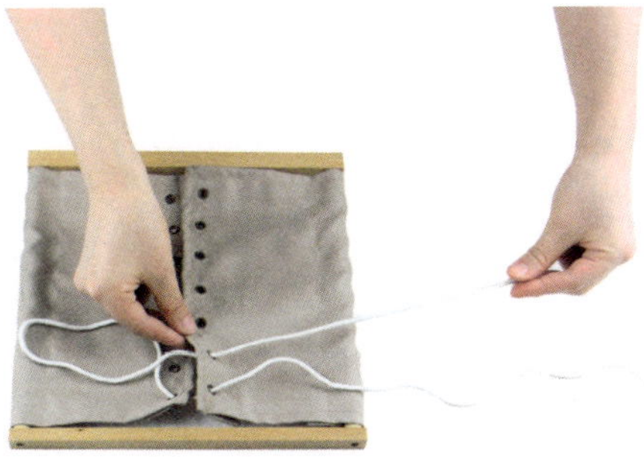

图7

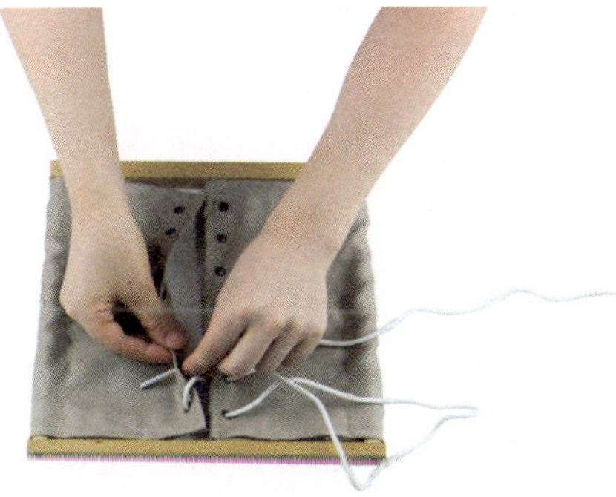

图8

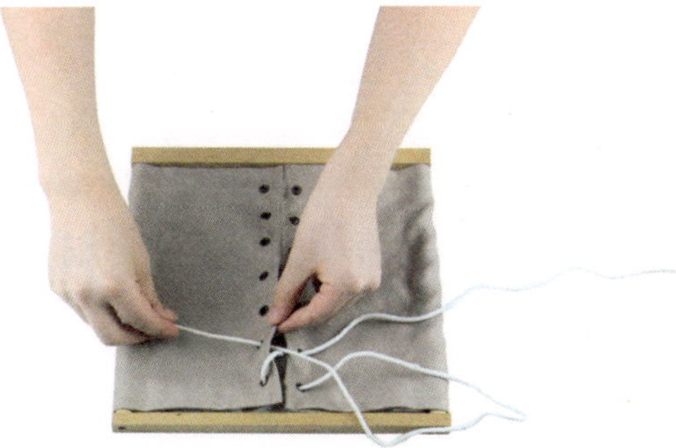

衣饰框——拉拉链

建立概念

拉，拉链。

材料：托盘，衣饰框（拉拉链）。（图1）

图1

方法：

解开拉链

- 教师右手三指捏住拉链头，左手捏住衣襟，右手向下拉至底端，将插管从插座中取出。（图2）
- 打开衣襟，再轻缓合上。

图2

拉上拉链

- 右手三指捏住插座，左手捏住插管。（图3）
- 将插管完全插入插座后，右手三指捏住拉链头，向上拉动直至顶端。（图4，图5，图6，图7）
- 双手配合整理衣襟，使其平整。

图3

图4

图5

图6

图7

衣饰框——按按扣

建立概念

按，按扣。

材料：托盘，衣饰框（按按扣）。（图1）

图 1

方法：

解按扣

- 教师左手按住左边衣襟，用右手三指捏住有母扣一侧的衣襟，向右侧拉，稍用力打开第一颗按扣。（图2）
- 用同样的方法按照从上往下的顺序，依次打开所有按扣。
- 将衣襟打开，再轻缓合上。

图 2

按按扣

- 从最下面一个按扣开始，左手按住衣襟，右手三指将暗扣的母扣与相应的子扣比对。（图3）
- 对齐扣眼，右手大拇指用力按下去。（图4）
- 用同样的方法依次操作后面的按扣。

图 3

图 4

要点

① 要有手部的动作分解。
② 动作要轻缓、清晰、准确。

穿脱衣服

目的

① 学会正确穿、脱衣服的方式。
② 发展儿童的生活自理能力。
③ 建立儿童照顾自己的意识，为其独立生活做准备。

建立概念

穿，脱，袖口，衣领，衣襟，衣袖。

材料：衣服（开襟衣服）。

方法：

穿衣服

- 教师将衣服正面朝上平铺在工作毯上，衣领靠近穿衣者。
- 触摸衣领、衣襟、衣袖，介绍衣服的结构。
- 双手握住衣领，轻轻提起到身体前面，从左边环绕到后背处将衣服披在身上，稍作调整。（图1，图2，图3，图4）

- 右手拉住左边衣襟，将左手伸入衣袖口，右手抓住右衣领，将左胳膊抬起穿入衣袖。（图5，图6）
- 用左手拉住右边衣襟，将右手伸入衣袖口，左手抓住左侧衣领，抬起右胳膊穿入衣袖。（图7，图8）
- 将衣服稍作整理。

图 5

图 6

图 7

图 8

脱衣服

- 教师双手握住两侧衣襟，将衣服脱至肩膀处。（图9）
- 双臂朝后靠拢，右手抓握左袖口，轻轻向下拉，将左手臂从袖口中脱出，左手抓握右袖口，轻轻向下拉，将右手臂从袖口中脱出。（图10，图11）
- 将脱下的衣服整理好。

图 9

图 10

图 11

要点

动作分解要清晰、准确、优雅。

穿脱鞋

目的

① 培养儿童的自理能力。

② 建立儿童照顾自己的意识，为其独立生活做准备。

建立概念

穿，脱，鞋面，鞋后跟，鞋帮。

材料：鞋一双。

方法：

穿鞋

- 教师取出鞋子，一边触摸鞋面、鞋帮、鞋后跟，一边建立概念。
- 双手大拇指放在鞋内侧，四指放在鞋外侧握住鞋帮，伸出脚，将前脚掌穿入鞋中，双手滑到鞋后跟，稍微用力向上提，脚后跟轻缓踩下。（图1，图2）
- 用同样的方法穿另一只鞋子。

图 1

图 2

脱鞋

- 教师伸出右脚，左手握住右脚鞋后跟，稍稍用力向下拉，直至脚从鞋内脱出来，将脱下来的鞋子放在一旁。（图3，图4）
- 用同样的方法脱另一只鞋子。
- 将脱下来的两只鞋子摆放整齐。

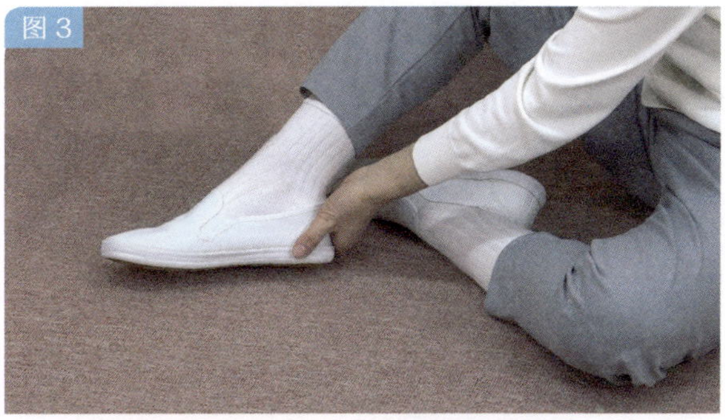
图 3

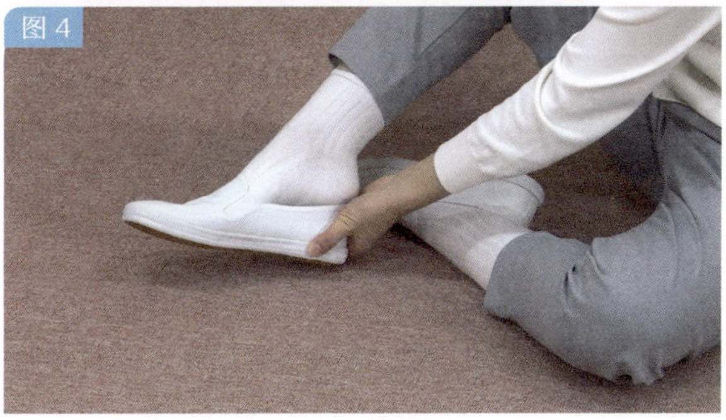
图 4

要点

动作分解要清晰、准确、优雅。

擦嘴

目的

① 儿童学会使用正确、优雅的方式擦嘴。
② 培养儿童良好的秩序感和生活习惯。
③ 提升幼儿照顾自己的意识。

建立概念

擦，折叠。

材料：纸巾，纸巾盒，垃圾桶。

方法：

① 教师从纸巾盒中轻缓抽取一张纸巾，放入掌中。
② 将纸巾对折，双手握住纸巾两侧，轻轻擦拭嘴唇及嘴角，直至擦净。（图1，图2，图3）
③ 将使用过的纸巾折叠后放入垃圾桶。

图 1

图 2

图 3

要点

① 动作分解要清晰、准确、优雅。
② 要对自己的行为有觉知，对环境有意识。

Part

4

照顾环境

目的

a．发展儿童大、小肌肉能力及手眼协调能力。

b．培养儿童的专注力，形成独立感、秩序感、合作精神、责任心。

如何归位椅子

目的

① 儿童学会使用正确、安全的方式归位椅子。
② 增强儿童的平衡能力以及肌肉的协调能力。
③ 帮助儿童建立照顾环境的意识。

建立概念

归位，椅子。

材料：椅子。

方法：

① 教师伸出双手，大拇指与四指分开，身体轻微前倾，握住椅背的两侧，完成抓握动作。（图1，图2）
② 教师将椅子轻轻提起，将靠近自己的一条椅子后腿轻轻着地，接着将另一条后腿着地，最后是两条前腿着地，不要发出声音。（图3）
③ 教师双手从椅子上轻轻地松开，收回。

要点

① 动作分解要清晰、准确、优雅。
② 要对环境有觉知。

图 1

图 2

图 3

如何扫地

目的

① 儿童学会使用各种生活用具，为独立生活做准备。
② 帮助儿童建立保护环境卫生、照顾环境的意识。

建立概念

扫，扫帚，簸箕。

材料：托盘，扫帚，簸箕，碎纸，垃圾桶，小筐。（图1）

方法：

① 教师将碎纸倒在工作毯上。
② 教师伸出右手，握住扫帚的手柄，轻缓地将碎纸从远处扫至中央，将碎纸集中在一起。（图2）
③ 左手拿起簸箕，将碎纸扫入簸箕内。（图3）
④ 将簸箕中的碎纸倒入小筐里。
⑤ 将小筐里的碎纸倒入垃圾桶。

要点

① 动作分解要清晰、准确、优雅。
② 要对环境有觉知。

图1

图2

图3

如何擦桌子

目的

① 发展儿童动作的连续性和秩序感。

② 培养儿童的专注力。

③ 帮助儿童建立照顾环境的意识。

要点

① 动作分解要清晰、准确、优雅。

② 要对环境有觉知。

建立概念

污渍，拧，擦。

材料：托盘，清洁剂，2盆水，抹布，有污渍的桌子。（图1）

方法：

① 将适量的清洁剂倒入一盆清水中。

② 教师将抹布浸入水中，片刻后提起，拧成半干，按照从上到下、从左到右的顺序擦拭桌面，再以顺时针的方向擦拭桌子边缘。（图2，图3）

③ 将抹布放入清水中洗净、拧干，以同样的方式擦去桌面及桌子边缘的泡沫。

④ 以同样的方式用干净的抹布将桌面及桌子边缘擦干。

⑤ 将盆内的水倒入水池，依次将盆、抹布洗净、擦干。

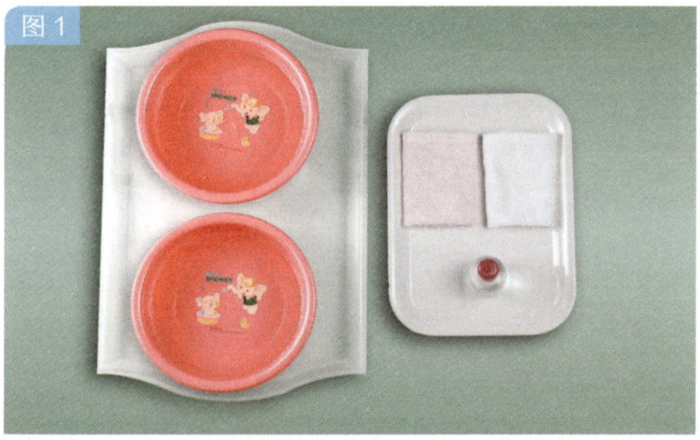
图1

图2

图3

Part

5

准备食物

目的

a. 发展儿童大、小肌肉及手眼协调能力。

b. 培养儿童的专注力、独立感、秩序感。

切的工作

目的

① 发展儿童使用手臂、手腕的能力。
② 发展儿童的手眼协调能力和观察力。
③ 为儿童的独立生活做准备。

建立概念

切，刀刃，刀背，刀柄，固定。

材料：托盘，刀，砧板，黄瓜，碗，抹布，垃圾桶。（图1）

图 1

方法：

① 教师介绍刀的结构：刀刃、刀背、刀柄。教师示范拿刀的方式：伸出右手，轻缓地握住刀柄，刀刃朝下，刀背朝上。

② 教师示范切的过程：将黄瓜放在砧板上，左手固定，右手握刀，使用锯切的方式切；切下来的黄瓜用刀拨到右侧；然后移动固定黄瓜的手，将黄瓜向前移动，再继续切。（图2，图3，图4）

③ 切完后，用抹布将刀刃擦干净，并把刀归位。

④ 将切好的黄瓜放入碗内，倒入垃圾桶。

⑤ 用抹布将砧板、托盘、碗擦拭干净。

图 2

图 3

图 4

要点

① 动作分解要清晰、准确、优雅。

② 在切的过程中，需要把握刀刃与手指的距离，保障安全。

③ 刀需要在指定的区域使用。

削的工作

目的

① 发展儿童使用手臂、手腕的能力。

② 发展儿童的手眼协调能力和观察力。

③ 为儿童的独立生活做准备。

建立概念

削。

材料：托盘，削皮器，胡萝卜，砧板，抹布，垃圾桶。（图1）

图 1

方法：

① 教师示范握削皮器的方式：伸出右手，轻缓地握住削皮器把手。
② 教师示范削的过程：将胡萝卜横放在砧板上，左手将胡萝卜固定，右手握住削皮器，从左到右将胡萝卜的表皮削下，放入托盘中。（图2，图3，图4）
③ 削完后，用抹布将削皮器擦干净，并把削皮器归位。
④ 将削好的胡萝卜皮倒入垃圾桶。
⑤ 用抹布将砧板、托盘擦拭干净。

要点

① 动作分解要清晰、准确、优雅。
② 在削的过程中，需要把握刀刃与手指的距离，保障安全。
③ 削皮器需要在指定的区域使用。

图 2

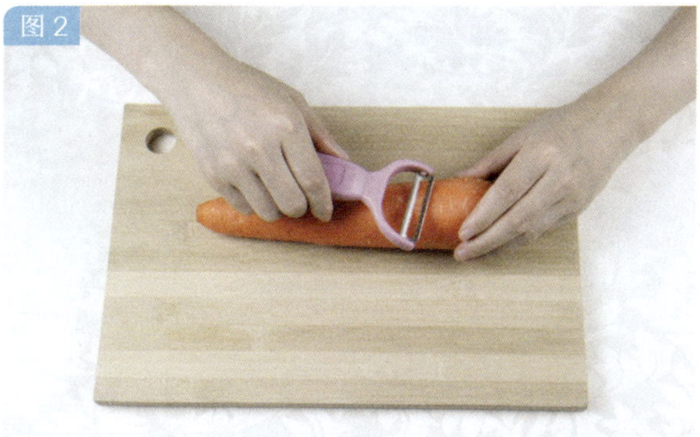

图 3

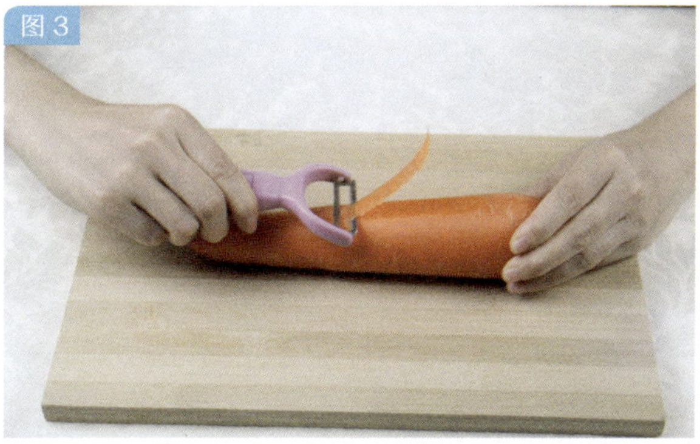

图 4

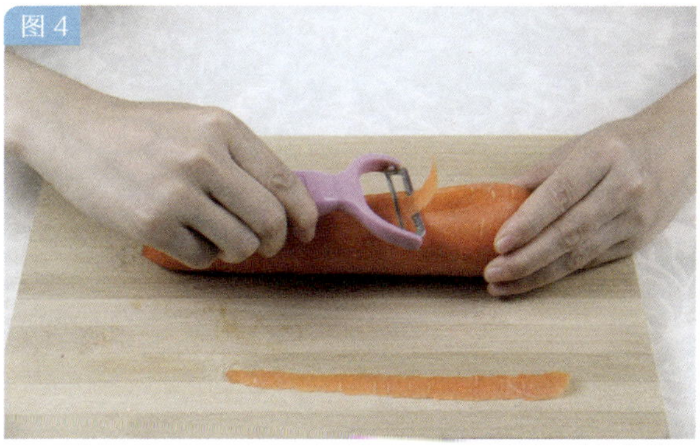

剥的工作

目的

① 发展儿童手部动作的灵活性。
② 发展儿童的手眼协调能力。
③ 增强儿童的独立性。

图 1

建立概念

剥。

材料：托盘，花生，小碗3个。（图1）

方法：

① 教师左手拿起花生，右手食指触摸花生的中线，让幼儿注意到中线部分。
② 教师双手沿中线，将花生用力捏开，把剥开的花生壳放入小碗中，花生仁放入另一个小碗中。（图2，图3，图4）
③ 将花生壳倒入垃圾桶内。
④ 将小碗归位到托盘中。

图 2

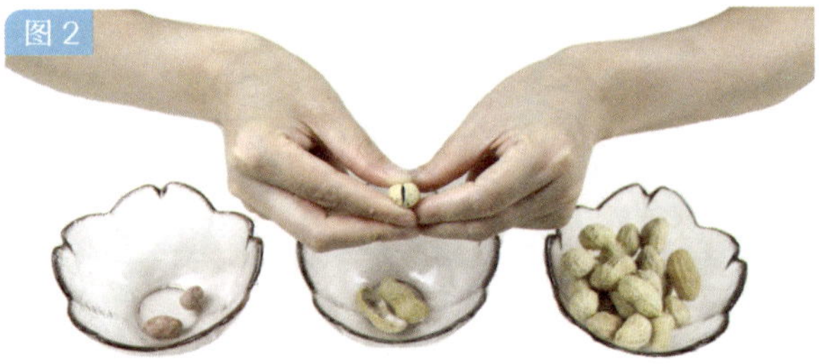

图 3

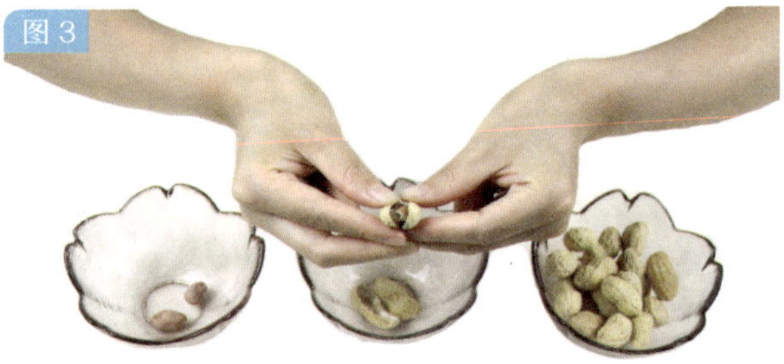

图 4

要点

动作的分解要清晰、准确、优雅。

捣的工作

目的

① 发展儿童手臂和手腕的协调能力。

② 发展儿童的手眼协调能力。

③ 增强儿童的独立性。

图 1

建立概念

杵，臼，捣。

材料：托盘，杵，臼，小碗2个，饼干，小勺子，杯垫。（图1）

方法：

① 教师将饼干放入臼中，用右手握住杵，左手扶稳臼的外壁，右手稍用力将饼干捣碎，重复几次，直至将饼干全部捣碎。（图2，图3）

② 用小勺子舀出捣碎的饼干，放至小碗内。

③ 把杵、臼、小碗、小勺子归位到托盘内。

图 2

图 3

要点

① 动作分解要清晰、准确、优雅。

② 要觉知到手与杵、臼的关系，保障安全。

③ 杵、臼等工具需要在指定的区域使用。

Part

6

教室常规

目的

a. 培养儿童在教室中的秩序感、独立性、专注力及自律。

b. 儿童学会保护自己的工作环境，不影响别人，拥有独立工作的能力。

如何铺卷工作毯

目的

① 发展儿童手腕用力的精准性。

② 发展儿童四肢运动的协调性。

③ 帮助儿童建立尊重环境的意识。

建立概念

铺，卷，工作毯。

材料：工作毯架，工作毯。

方法：

铺工作毯

① 教师轻缓地将工作毯从工作毯架上取出，双手握住工作毯，将工作毯竖立，靠近身体的一侧抱起。（图1）

② 将工作毯轻缓地放在地板上，伸出双手，稳重地将工作毯铺开，用食指和中指抚平工作毯边缘。（图2）

图 1

图 2

卷工作毯

① 教师伸出双手，用食指和中指抚平工作毯边缘。

② 将手掌放在工作毯边缘，双手配合同时朝内翻卷工作毯。（图3）

③ 卷一段后用双手轻轻拍打工作毯两端，防止工作毯翻卷时倾斜，直到工作毯卷好。（图4，图5）

④ 教师将工作毯竖直立起，水平放在胸前，距离身体约5～10厘米，用右手轻轻拍工作毯上端，整理平整后双手抱起工作毯，并靠近身体的一侧，归位回工作毯架。（图6）

要点

① 动作分解要清晰、准确、优雅。

② 要觉知到自己的动作与环境的关系，学会尊重环境和维护环境。

如何走线

目的

① 发展儿童行走的平衡感觉。
② 培养儿童优雅的走路仪态。
③ 培养儿童的注意力和专注力、自我控制能力。

方法：

① 教师站立在线上起点处，双手自然下垂，放置在身体两侧，眼睛正视前方。（图1）
② 轻踮一下双脚，稳住重心，一步一步平衡地走。（图2）

图 1

图 2

③ 走线时，手部动作的顺序是：手臂伸直与肩齐平—双手指尖轻轻搭在肩上—双手叉腰—双手背在身后。走回至起点结束。（图3，图4，图5，图6）

图3

要点

① 身体须放松、协调、优雅、平衡。

② 要觉知到自己的动作与环境的关系，学会尊重环境和维护环境。

图4

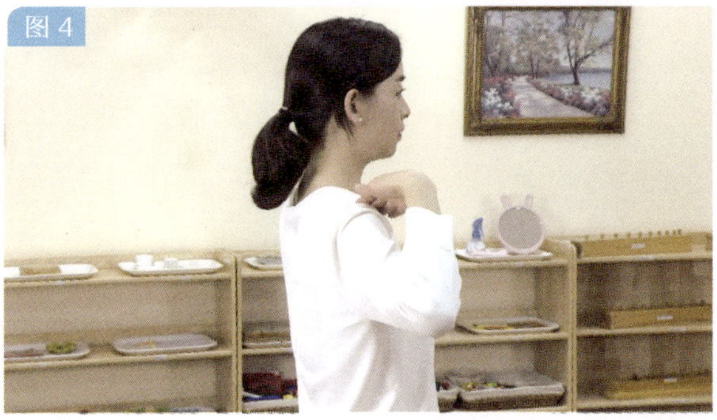

图5

图6

如何绕工作毯行走

目的

① 发展儿童动作的协调性。
② 发展儿童独立和集中精神的能力及统合的能力。
③ 帮助儿童建立照顾环境、尊重环境的意识。

建立概念

绕，工作毯，行走。

材料：2张工作毯。

方法：

① 教师双手自然下垂，放置在身体两侧，眼睛正视前方。
② 教师沿着工作毯的边缘外围，稳住重心，一步一步平稳、缓慢地行走。（图1）
③ 走到转弯处，有意识地踮起脚尖或稍作停顿，以示转弯。（图2）
④ 转弯后，继续一步一步平稳、缓慢地行走。

图 1

图 2

要点

① 动作分解要清晰、准确、优雅。
② 要觉知到自己的动作与环境的关系，学会尊重环境和维护环境。

如何绕椅子行走

目的

① 发展儿童动作的协调性。

② 发展儿童独立和集中精神的能力及统合的能力。

③ 帮助儿童建立照顾环境、尊重环境的意识。

建立概念

绕，椅子，行走。

材料：2把椅子。

方法：

① 教师双手自然下垂，放置在身体两侧，眼睛正视前方。

② 在椅子旁，稳住重心，一步一步平稳、缓慢地行走。（图1）

③ 走到转弯处，有意识地踮起脚尖或稍作停顿，以示转弯。（图2）

④ 转弯后，继续一步一步平稳、缓慢地行走。

要点

① 动作分解要清晰、准确、优雅。

② 要觉知到自己的动作与环境的关系，学会尊重环境和维护环境。

图 1

图 2

如何搬椅子

目的

① 增强儿童的平衡能力及肌肉的协调能力。

② 发展儿童独立性和集中精神的能力、统合的能力。

③ 帮助儿童建立照顾环境、尊重环境的意识。

建立概念

搬，椅子。

材料：椅子。

方法：

近距离搬椅子

① 教师伸出双手，大拇指与四指分开，身体轻微前倾，握住椅背的两侧。（图1）

② 稍微用力提起椅子，将椅子提至身体的正前方，保持水平。（图2）

③ 保持双手搬椅子的姿势，走到目的地。（图3）

④ 弯下腰，先将靠近自己的一条椅子后腿轻轻着地，接着将另一条后腿着地，然后是两条前腿着地，不要发出声音。（图4）

⑤ 教师双手从椅子上轻轻地松开，收回。

图1

图2

图3

图4

远距离搬椅子

① 教师用左手的四指握住椅背，大拇指放在椅背的上面，完成抓握动作。再伸出右手，四指放在椅面的下面，大拇指放在椅面上，完成抓握动作。（图5）

② 双手配合提起椅子，将椅子提至身体的正前方，保持水平。（图6）

③ 保持双手搬椅子的姿势，走到目的地。（图7）

④ 弯下腰，先将靠近自己的一条椅子后腿轻轻着地，接着将另一条后腿着地，然后是两条前腿着地，不要发出声音。（图8）

⑤ 教师双手从椅子上轻轻地松开，收回。

要点

① 动作分解要清晰、准确、优雅。

② 要觉知到自己的动作与环境的关系，学会尊重环境和维护环境。

图 5

图 6

图 7

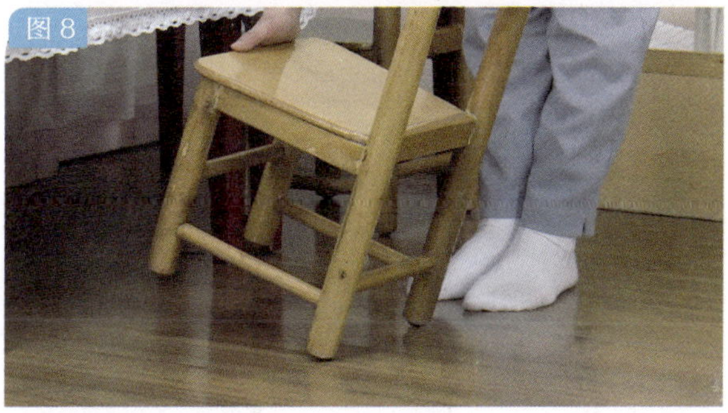
图 8

如何轻拿轻放教具

目的

① 增强儿童的小肌肉运动、协调能力。
② 培养儿童的专注力。
③ 帮助儿童建立照顾环境、尊重环境的意识。

建立概念

轻拿轻放。

材料：托盘，教具，教具架。

方法：

① 教师面对托盘（或教具），微微欠身，双手握住托盘（或教具）两边的边缘。（图1）
② 教师将托盘（或教具）托起至胸前，两手握住托盘（或教具）的边缘，水平地端着。（图2）
③ 教师在指定的地方以水平的动作轻轻放下托盘，不要发出声音。（图3）

要点

① 动作分解要清晰、准确、优雅。
② 要觉知到自己的动作与环境的关系，学会尊重环境和维护环境。

图 1

图 2

图 3